女性目線の
おうち改造

夢を叶える
満足リフォーム

快適生活を
約束する
女性建築士の
ピンポイント
アドバイス

二級建築士・
インテリアコーディネーター
風水心理カウンセリング協会認定講師
寺田勤江

はじめに

今、日本の新築信仰が変わろうとしています。

中古の物件をリフォーム・リノベーションし、価格を抑えながら自分たちオリジナルの住まいを持つという動きが広がっているのです。

ひと昔前までは、立派な新築の戸建住宅を建てることがステータスとされた時代でした。それが一人前の証だったように思いますが、今は必ずしもそうとは限りません。親の持ち家を新しく衣替えをして住むという動きも広がっています。

その理由は、世帯収入の減少や少子高齢化。親との同居を選ぶ若い世代も増えています。その他の大きな要因としては、価値観の変化でしょうか。マイカーを持たない若者が急増！なんて世間では言われておりますが、「生活を楽しむためにお金を使いたい」という価値観や、はたまた先の見えない不安からも住宅ローンで長期にわたり縛られる生活はNO！　という動きが顕著になってきたのではないでしょうか。

世間で叫ばれている「空き家問題解消」にとっては、その動きが大いに貢献しているという訳ですが……。


そもそも、ヨーロッパやアメリカなどの諸外国に比べると、日本はすぐに家を取り壊してしまう傾向があります。

例えば、日本では戸建住宅は入居した時点から価値がすぐに落ち始め、築20年を超えると0に近づいていく一方、諸外国ではむしろ手入れをして大事に使ってきた古い物件ほど価値が上がり、築百年を超えた物件でも売買されているのです。

日本でリノベーションをするようになったのは20数年前と非常に歴史が浅いのですが、諸外国では昔からリノベーションを繰り返しながら、家を大切に使ってきたのです。一般の家も、その国の文化そのものだということですね。

住宅を管轄する国土交通省が、２００６年（平成18年）に制定した「住生活基本法」、その中で5年ごとに見直されている「住生活基本計画」においても、造って壊す時代から、大切に使い続けるという「ストック対策への変換」が叫ばれ、建物の価値が見直され始めています。国をあげて、建て替えやリノベーションによる質の高い住宅を後押しする時代がやってきたのです。

新築に偏っていた各種補助金も、リフォームやリノベーション工事において受けやすくなってきたように感じます。

２０２０年に流行した新型コロナウィルスが、今まさに住まいや生活、ひいては人の生き方の価値観を変えようとしています。

リモートワークの広がりで、人々はより家の居心地の良さや、仕事場としての機能を求め始めています。人のライフスタイルがこれからますます多様化していく中で、その人にとっての家の居心地は他人に決められるものではありません。

「リフォーム」とは、老朽化などでマイナスになった状態をゼロもしくはプラスαに戻すこと。「リノベーション」とは、住まいの性能に新たな機能や付加価値をプラスしてより良いものにグレードアップすること。リノベーションは、自分のライフスタイルや感性を尊重することなのです。

人間の生活の基本である【衣】【食】【住】の大切さが再認識される中で、あなたはどんな価値を見つけたでしょうか。

もし、【住】という新しい価値を実現したいと思ったのなら、ぜひ、リフォームやリノベーションという方法にチャレンジしてみてはいかがでしょう。

そして、【暮らしが楽しくなるオリジナルの空間】を造ってみませんか。

「素敵な暮らしを実現したい……そうはいっても、どうしたらいいの？」

疑問と不安だらけのリフォーム・リノベーションという世界。ノウハウを伝える書籍は世の中にはたくさんありますが、実情は……闇。悪徳業者、高額工事、いったい誰に相談すればいいのか……。

そんな不安な声がいつまでたってもなくならない不透明な世界だからこそ、きれいごとの知識ではなく本当の話をお伝えしたいのです。私がお客様という立場だったら知りたい細かいことのあれこれも、しっかりとお話をしていきます。

私が建築業界に入ったのは、バブルがはじけた直後のこと。人々の生活が厳しくなり、住宅にお金をかけるのは修繕が主流で、一部の余裕ある人々が行うのがリフォームと考えられていた頃でした。それから26年という月日がたち、リフォームやリノベーションという言葉も浸透し、住宅に対しての考え方も大きく変化しています。

「女性が主役の住空間」というテーマを掲げて走り続けてきましたが、当初は打ち合わせといったら奥様だけが参加をして、いざご契約というお金のお話になって初めてご主人が登場するという場面が多かったように思います。しかし最近では世の殿方も住空間の価値に気づき、お話をしていてもその真剣さがひしひしと伝わってきます。

そこまで変化を遂げたリフォームやリノベーションの世界ですが、見えてくる闇は変わらない、クレームの質も変わらないという現実が続いています。

今まで経験した26年間は、失敗と学びの連続でした。その経験やお客様との関わりの中で学んできたいいこと悪いこと、それらすべてを伝えたいという思い、もっと知ってもらいたいという思いが沸々と湧き上がり、今回筆を取ることになったのです。皆さまがこの先お家と向き合う時の参考になってくれたら、この本の意義があるのかなと思っています。

この本を手に取ってくださったすべての方が、安全安心に夢を実現する暮らしができますように。そして私たち専門家とお客様とで造り上げる住空間が、次なる世代へと受け継がれる幸せな未来に思いをこめて。

Contents

Chapter 02

建築屋さんの選び方

Chapter

03

建築屋さんとの付き合い方

Chapter 04

リフォーム&リノベアドバイス

ワンポイントアドバイス 160

Chapter 01

中古住宅を見極める方法

これからの生活スタイル

自分が街の一部になって暮らす時代

リフォームやリノベーションの具体的なお話をする前に、まずはこれからの生活スタイルについて少しお話しさせてください。

これからの未来、家を建てたりマンションを購入したりする場合、「家」という単体へのこだわりだけではなく、「街」の魅力や、暮らしを取り巻く「自然」と共存するという意識が、大変重要になってくると思います。

近年、甚大な被害をもたらしている自然災害は、個人だけで解決できる問題ではありません。頻発する豪雨災害や、いつ起きるかわからない大地震に対しても、個人でできる対策には限度があるのです。

そして、大きな社会問題になっている少子高齢化。ただでさえ人口減少が叫ばれている今、魅力のない街に暮らしたいなんて思いませんよね。そんな街は、益々人口が減り続けてしまいます。空き家が増えた街は、税収が少なくなることによる行政サービスの低下、治安の悪化により、負のスパイラルに陥ってしまうのです。

今まで自分たちの生活ばかりを豊かにし、地域のコミュニティを軽視してきた代償なのかもしれません。街の歴史や文化・防災・福祉など、多角的に知り、自分が街の一部としてどう暮らすか、ということを考えなければいけない時代がやってきました。

人口減少が深刻化する中、街を盛り上げようと、リノベーションにより、住みたくなる街づくりに成功している例や、世代を超えた新しいコミュニティを作るという挑戦も、成功事例としてたくさん報告されています。

例えば……古い団地をリノベーションすることにより、多世代交流を実現させたり、子育てコミュニティスペースを造設することにより育住近接を叶えたり、若い世代の文化芸術を応援する街としておしゃれにリニューアルされたりと、街の活性化に積極的な自治体も増えてきているのです。

私も以前、横浜市のモデル事業として、「空き家となった古い民家を多機能高齢者施設として蘇らせる」というプロジェクトに参加したことがあるのですが、要介護となった高齢者にとって、昭和の雰囲気が色濃く残るその民家から感じる安心感や懐かしさなどは宝物なのだと実感しました。たくさんの笑顔に出会えたことを、今でも鮮明に覚えています。

「家」という概念が変わりつつある今、原点に立ち返り、自分の「生き方」を真剣に見つめることが必要なのではないでしょうか。生き方が見えてこなければ、暮らし方だってわかりませんよね。人がどう思うかではなく、自分が、そして家族が、何に価値を感じどう暮らすかが、今問われているのではないかと思うのです。

これからの生活スタイルは、自分で決める！

その意識が芽生えたことが、2020年のコロナという敵が、唯一私たちにもたらした確かな教えなのではないでしょうか。

中古住宅の問題点

建築時期で変わる耐震性

ここでは、実際に数多くの中古住宅をリフォームやリノベーションして見えてきたことをまとめてみました。

残念ながら、どんなに古い家でもリフォームやリノベーションによって新築より割安で蘇るというわけではありません。場合によっては、リフォームやリノベーションよりも建て替えという選択のほうが安く済む場合もあるのです。悩ましい現実ですね。実際に、中古住宅を選ぶ際にぜひ注意していただきたいことをお話ししていきます。

過去の大震災から耐震基準はたびたび見直しが行われてきました。中でも重要なのは、1978年（昭和53年）宮城県沖地震の甚大なる被害を教訓とした建築基準法の改正です。

その結果、1981年（昭和56年）以降に建てられた住宅には「新耐震基準」が適用されました。正確には、建築確認申請の通知書の発行日が昭和56年6月1日以降であれば「新耐震基準」が適用された建物だということです。それ以前の「旧耐震基準」というのは、震度5程度の地震に耐えられることが基準でしたが、新たに制定された「新耐震基準」では、まれに起きる震度6～7程度の地震でも倒壊しないという、より地震に強い構造が求められるようになりました。

中古住宅を購入しようとする場合に大切なことは、いつ建築された建物かということなのです。もし、耐震性に不安があるようなら、きちんとした調査をおすすめします。仮に、耐震性能を向上させるための工事が必要となる場合、耐震補強をするのですが、方法はその家の構造によって異なります。その金額は一概には言えませんが、戸建住宅の場合、平均120万円ほどかかり、部屋の中に新たな柱の設置が必要となる場合も出てきます。

耐震補強をしなくても違法ではありませんが、地震のダメージを受けるリスクは高くなり、大きな地震により基礎自体が傾いてしまうこともあり得ますので、慎重に確認する必要があるでしょう。

カビ対策に重要な家の基礎

住宅そのものを支える基礎部分。地震が多い日本にとっては最も重要な部分です。家の基礎にはいくつか種類があるのですが、最近の住宅の場合はほとんどがベタ基礎というもので、コンクリートの面全体で家の荷重を支える工法です。その工法の場合は、しっかりと面荷重が計算されていて、床下の土の部分がすべてコンクリートで覆われているので、湿気にも強く一安心。

ただし、古い住宅の場合は、残念ながらベタ基礎とは限らないのです。新築された年代や地盤強度との兼ね合い、新築当時のご予算などの関係から、ベタ基礎という方法ではなく布基礎という方法が採用されているかもしれません。

布基礎とは、家の荷重が点荷重だということ。コンクリートの部分が少なく、当然ベタ基礎に比べて湿気なども上がってきます。

湿気は本当に厄介で、シロアリや土台部分の腐食により、柱が機能を失うケースもあるのです。建てた当時の資料で確認もできますが、自分の目で確かめる場合は家の土台部分に開いた換気口を覗いてみてください。もし、土の部分がみえるようならばその建物は布基礎、換気口がない場合はベタ基礎の可能性が高いのです。実際に今まで拝見してきた中古住宅は、築年数が古いほど布基礎でした。

ただし、布基礎の場合でも対策をする方法がありますから、安心してくださいね。

劣化が見えない悩ましい配管

「蛇口から赤さびが出る」なんて聞いたことがないですか？

実際に体験された方もいらっしゃるのではないでしょうか。平成の初期頃までに建てられた家は、まだ法律の改正が行われていなかったので、配管の腐食が原因で水が飲めないなんていう戸建住宅やマンションがありました。

さすがに、きちんと管理されているマンションでは、管の取り換え工事が行われているはずですからそんなことはないと思いますし、定期的な高圧配管洗浄というメンテナンスが施されているはずです。しかし、戸建住宅の場合は、きちんとメンテナンスされていなかった建物も存在していますので、配管は重要な問題です。

一口に配管といっても、住宅には給水管や給湯管・排水管・ガス管だってありますよね。配管の寿命は、約15年〜20年と言われています。特に、古いままの鉄が使われている管の場合は、サビの他にも継手という管と管を接続する部分から漏水を起こす危険性が非常に高く、もしその管を交換することになると、配管の距離や配管されている方法にもよりますが、追加で大体100万円程度の交換費用を見る必要も出てきてしまいます。

中古のマンションの場合は、必ず大規模修繕計画を確認してみてください。マンション全体の配管についてのことが記載されているはずですから。

中古の戸建住宅でもマンションでも共通なのですが、もしリノベーション済物件の場合は、必ず配管の交換まで行ったかどうかを確認することが大切です。工事費用を抑えるために、緊急性を要さない配管だった場合は、見えるところの機器だけを交換するケースが非常に多いのです。床下などに隠れた配管は見えないので、インスペクション（住宅診断）を受けている物件でも、問題が隠されている場合もあります。

最後に、配管で見落としがちなのが戸建住宅の給水管の口径です。何のこと？　と思われがちな口径という落とし穴。古い住宅では13ミリの口径が使われていますが、現在は一般的に20ミリの口径が使用されます。13ミリの口径だと、家族が多く水道使用量が多い場合に、水量が足りないという不具合が発生します。

細い口径を多水量状態で使い続ければ配管に付加がかかり、いずれどこかで漏水なんてことが起こる可能性が出てきてしまいます。もし、中古住宅を取り壊して建て替えをする場合は、必ず敷地内の埋まっている管を口径変更しなければなりません。こちらもしっかりと確認することをおすすめします。

昔の当たり前も今では問題点

耐震性・基礎・配管について問題点としてお話ししてきましたが、その他にも建物というのは、建築された当時の法律や人々の住まい方の価値などを反映しています。たとえば、断熱性能です。高断熱高気密といえば今は当たり前に聞こえる言葉です。しかし、「省エネルギー」という方向に国の政策が舵をきるまでは、寒冷地を除いては、あまり一般的ではありませんでした。当然、法律も甘かったのです。

開口部の断熱性能もそのひとつ。最近では、複層ガラスや二重窓や樹脂窓など、高断熱高気密を追求した商品はすばらしい進化を遂げました。防犯という考え方にも大きな変化があり、開口部のカギの性能まで大きく変化したのです。

建物の構造だけでなく、設備機器類だって性能は断然違います。トイレ1回に使用する水量は、以前であれば主流は13リットル。それが今の最新設備では5リットル以下が主流です。キッチンや浴室の水栓などは、流れてくる水の中に空気の気泡を混ぜることで体感は変わらないまま、使う水量は少ないという原理に変わりました。これらもすべて「省エネ」のためです。

その他の違いは、電気容量です。生活スタイルの変化により増えた家電製品。各部屋にはエアコンが設置されているのが当たり前の生活です。家全体の電気の契約容量は、今や50アンペアや60アンペアという時代ですが、ひと昔前まで私たちは、30アンペアほどの住宅で生活をしていたのです。細かいことにこだわれば、各お部屋のコンセントの数。タコ足配線は危ない！　なんて聞いたことがありますよね。各お部屋にコンセント2カ所が当たり前だった時代とはうって変わり、電気を使う機器類が増えたことで昔の当たり前では不自由を感じてしまうのです。

特に今年、最も注目されたのが「換気」ですよね。２００３年（平成15年）7月に改正された建築基準法では、24時間の換気が義務化され、お家全体の空気の流れを計算した設計をすることで健康な空間を造ることが求められたのです。当然、それ以前の住宅にはその義務はなかったので、換気という観点からも大きな違いがあることがわかります。

私が普段、中古住宅の設計提案を行う上で最も大切にしていることが、この「換気」です。お家の中全体の空気の流れをつくるために、新しく機械換気設備を増やしたり、外の空気を取り入れる給気口を新たに設置したりするのです。これからの時代、最も重要な換気という概念は、必ず考えていただきたいと思います。

細かいことを問題点として色々と説明をしてきましたが、そんな問題点も知ったうえで、リフォームやリノベーションを考えていただきたいと願っています。そして、リフォームやリノベーションでこれらの問題は解消できる、ということを付け加えてお伝えしますね。

ここからは、ちょっと厄介な問題点をお話ししていきます。

法律の壁！ ローン不可物件

戸建住宅の場合、住宅ローンが組めない物件も紛れているので要注意です。戸建住宅の場合、大切なことは道路との位置関係。幅4メートル以上の道路に2メートル以上敷地が接していない「再建築不可物件」や、建蔽率容積率を超えて違法増築してしまった物件などは、現金一括でなら購入はできますが、基本的に住宅ローンは組めません。

また、再建築不可物件は、地震や火災などいかなる理由があっても再建築ができないこと、違法増築物件は建て直す際には今建っている建物よりも容積が小さくなってしまうことも念頭に置いておきましょう。

以前、大々的に中古住宅販売キャンペーンを行っていた不動産会社があり、興味本位でお客さんとして見学に行ったことがあるんです。なんとなく「変だな、土地の大きさの割に家が大きすぎるけど……」という感覚が。色々な建物を見てきた中で培われた勘は、やはり的中しました。「いかがですか?」と近寄ってきた不動産屋さんの営業マンが、小さな声で一言。

「ローンは組めませんが……」

あとで、チラシを確認したところ、小さな文字で建蔽率容積率オーバーであることが書いてありました。住宅情報サイトなどで中古住宅を探すならばこれらの情報はたいてい載っていますので、見落とさないように注意が必要です。

減税の落とし穴「ローン減税対象外物件」

戸建住宅で築20年より古く50㎡未満の物件の場合、基本的にローン減税の対象外になりますので、安く購入したつもりがトータルでは割高になってしまったということもありえます。不動産屋さんに細かい計算をしてもらいましょう。

ローン控除とは、正式には「住宅借入金等特別控除」といい、住宅の用途、年収の制限、ローン期間、入居日など、細かい適用要件があります。随時更新されていますので、詳しくは国税庁のホームページなどで該当するか確認してみてください。

マンションの場合は、築25年より古く50㎡未満の物件は、ローン減税の対象外になってしまいますから注意が必要です。

適切な修繕をしていないマンションは罪

マンションが普及し始めたのは1963年（昭和38年）頃からとまだ歴史が浅く、寿命を迎えたマンションがどうなるかの具体例はほとんどありません。マンションの取り壊しには住民の4／5の賛成がないとできない上、一世帯あたり数千万の持ち出しが必要な場合もあり、マンションが取り壊され新しく建てられた例は、非常に少なくなっています。

コンクリートの寿命は100年とも120年とも言われますが、定期的な修繕がされていないマンションなどに発生するクラック（外壁や基礎部分にできる亀裂やひび）現象は、その寿命を大きく縮めてしまいます。

クラックから水が入り、建物内に発生する漏水。そのまま放置すればカビの温床となります。構造体であるコンクリート内部深くに水が浸入し、中にある鉄筋まで到達してしまい錆びてしまうと、さらに大変なことになってしまいます。鉄は錆びると膨張する性質があるので、コンクリートさえも破壊する「爆裂」という現象を起こしてしまうのです。ここまで手付かず状態というのは、かなり悪質な管理体制です。

マンションの場合、通常12〜13年に一度、大規模修繕工事を行います。管理組合が管理している修繕積立金を使って、外壁塗装・配管更新・防水工事など、それぞれのマンションで計画された方法により適切に行われます。２００1年（平成13年）には、マンションの資産価値や快適な住環境を守るために「マンション管理適正化法」という法律が制定されていることからも、おろそかにはできない大切なことなのがわかります。

適切な修繕をしていないマンションは論外だということがわかっていただけたと思います。当然、管理が不十分なマンションほど入居者が集まらず、住民が少なくなれば修繕費や管理費が回収できず、ますます建物の維持がおろそかになり……という悪循環に陥ります。

怖いのは、適切な管理をされているマンションとそうでないマンションには販売価格の差がないこと。管理状況は価格に反映されていないため、高いマンションだからといって安心はできません。必ず、修繕履歴や修繕計画を確認しましょう。そして、現地を見に行き、建物の雰囲気や住人の様子などを肌で感じることが、絶対におすすめです。

リノベーションの自由度

マンションの場合は、コンクリートでできた壁以外はすべて壊せるため、大幅な間取り変更が容易だという利点がありますが、水回りだけは要注意。水回りの配置には限度があるのです。

マンションは全体と共有している中心の配管から枝分かれして各部屋に配管がつながっていますが、中心の配管からあまりに遠い場所へ水回りを持っていくと、水が流れるために必要な配管の傾斜（1メートル離れるごとに最低1センチ以上の勾配が必要）がつけられません。どうしてもという場合は床を底上げして傾斜をとる方法もありますが、当然部屋の高さは低くなります。

一方、戸建住宅の場合、水回りの大きな変更はマンションよりも自由度が高いと言えます。戸建住宅で注意が必要なのは、家の工法です。最近の戸建住宅に多い壁工法（ツーバイフォー工法）とよばれる工法で作られた家は、壁で家を支えているため壁を壊すことが難しく、間取りの変更が制限されるのです。

街中で住宅の新築工事を見かけた時、ちょっと気に留めてみてください。従来の工法である在来工法は、基礎のコンクリートを打ったあとに棟上げを行い、軸となる柱を組み立てます。そのあと屋根の下地を造って屋根を掛けるのです。

一方、壁工法の場合、屋根より壁を造ることが先。最後まで屋根がかからない状態です。合板で壁だけが囲われた建物を見ることがあったらそれが壁工法の建物です。これは北米由来の工法で、耐震性・耐火性・気密性には優れていますが、リノベーションの自由度は低くなることを念頭に置いておいてください。

魅力ある中古住宅の見分け方

築20年以下の戸建てか25年以下のマンション

なかなか一筋縄ではいかなそうな物件探し。

闇雲に探しても骨が折れてしまいそうですね。探すポイントとしてお話しするならば、戸建住宅なら築20年以下、マンションなら築25年以下の物件にあたりをつけるのが一つの手です。新耐震基準で建てられており、ローン減税の対象にもなり、かつ価格が抑えられているためです。

それより古い物件の場合は、改修工事の履歴が目安となってきます。トイレやキッチン等の設備だけでなく、耐震、外壁、配管などの改修工事がされていれば、大切に維持管理されてきた状態の良い物件の可能性が高いという判断になってきます。当然状態の良い物件ならば、購入してから行うリノベーション費用も抑えることができますから。

また、国土交通省が管理する「安心R住宅」というものもあります。これは、耐震性や今までの修繕の内容などが開示され、基礎的な品質が保証されている住宅です。保険や住宅ローン控除も適用となるなどメリットはありますが、登録されている物件数はまだ少ないのが現状。今後に期待したいところです。

リノベーション済み中古物件の実態

最近はリノベーション済みの物件が多く流通しています。新築のようにきれいで価格が抑えられているため、とても魅力的です。ホームインスペクション（住宅診断）済みで安心と謳っているところもあります。

しかし、リノベーション後のホームインスペクションは、例えば配管など、見えないところはチェックできません。ホームインスペクションは、リノベーションの前と後でやってこそ意味があるのです。

住宅の持ち主はなるべく安い費用できれいに見せて、なるべく高く売りたいと考えています。そうなれば当然、見えるところだけしか修繕しないケースが大半だということを念頭に置いておきましょう。

実際に、不動産屋さんから私の会社にもリノベーション依頼があるのですが、魅力的な間取りや設備の要望は数々あっても、見えない部分については消極的。表面的なことばかりをクローズアップしての要望に、細かい指摘をすれば、金額で折り合わないという現状が待ち受けているのです。

商品として見る不動産屋さんと、快適を求める空間として見る建築屋との攻防があるのが現実。いつも私は不動産屋さんと戦っている！　ということをお伝えしておきますね。

マンションか戸建住宅かの分かれ道

マンションのメリット・デメリット

ここまで中古住宅についての問題点、実際に現場で見てきた現状や感じてきたことをお話ししてきました。

さあ、ここから多くの方が悩む問題に触れていきますね。

お客様によく聞かれる質問。それは、「マンションがいいですか？　戸建住宅がいいのでしょうか？」というなんとも難しい問題です。

今まで生活してきた環境や価値観などによって、いい悪いは一概には言えないということもあり、いざ「選ぶ」となると皆さま迷うようです。

そこで、それぞれのメリット・デメリットを簡単にお話ししていきたいと思います。実際に体験した珍事件やクレーム話と合わせてお話ししていきますね。

マンションは戸建住宅に比べると、眺望がいい、駅が近い、防犯面で安心、ゴミ出しなどの利便性が高いなどのメリットがあります。しかし、いくつかの落とし穴が待っているのも事実です。

まず、リノベーションする際にはそのマンションの管理組合の許可や隣接する部屋の住民の許可が必要であるということ。戸建住宅の場合は近隣にご挨拶してからリノベーションなどの工事をすることになりますが、マンションの場合は挨拶だけではいかないのです。

管理組合の許可をもらうには、所定の申請書に詳しい内容を記載して、建築図面・工事工程表・仕様書などを提出することになります。ただし、この申請は工事を行う建築屋さんが代行して行いますので心配しないでくださいね。管理規約により、通常は工事2週間前までの提出が求められているようです。厳しいマンションでは、隣接する世帯の方への説明と承認印をいただいてからの申請というところもありますから、必ず事前に確認をする必要がありそうです。

申請書はそのマンションを管理している管理会社か管理人の方が用意してくれますので、

一声かけてみると親切に対応していただけるはずです。申請が無事におりてから、近隣の方へご挨拶をするという手順になります。

マンションも戸建住宅も、近隣へのご挨拶の際にはちょっとした品を持っていってお話しされることをおすすめします。できれば建築屋さんと一緒に説明に伺うと、近隣の方もどんな業者さんが入ってくるのかがわかり安心するのではないでしょうか。

最近は特に、近隣への配慮が工事の成功を決定するカギにもなりますから、慎重に誠意を持った対応が必要です。その上で成り立つのが「お互い様」という気持ちなのではないかと思います。

次に、マンションの大規模修繕の際、修繕積立金だけでは足りずに持ち出しが必要になるケースがあるということ。

老朽化したマンションほど、莫大な修繕費用がかかるものです。修繕費用が適切に積み立てられていないと、資金を持ち寄らなくてはいけません。購入前には必ず修繕計画書や積立金の金額を確認してください。

最後に、共有設備は、使用していない場合でも全体の修繕費で維持されるということ。修繕費は一律で決まっています。立体駐車場や高層階専用高速エレベーターなどは維持費が高いため、もし使用しないのならばそういった設備のないマンションを選ぶほうが、経済的かもしれません。余っている駐車場をマンションの住民以外にも貸し出して、管理費に当てているマンションも最近はあるようです。住民の高齢化や車離れが加速している証拠ですね。

悩ましき人間関係〜マンションの場合〜

あるお客様にマンションのリノベーションを依頼され、隣人に工事の許可をお願いに行くと「認めません！」の一点張り。許可をもらわなければ施工はできないためお客様も困惑状態。どうしましょうか？

あらためてお隣を尋ねると、不機嫌な顔が待ち受けていました。詳しいお話を聞かせてほしいとお願いすると、それから何時間も愚痴を聞く羽目に……。よく聞いてみると、普段の生活態度が気に入らない様子。それだけではありません。お隣はご夫婦お二人の生活世帯。一方、工事をするご家庭は、いつも子供や孫が立ち寄るにぎやかなご家族なんです。だから、ちょっとしたことが癇に障るんですね。孫のはしゃぎ声や物を落とす音、洗濯物の干し方などすべて。

そんなお隣さんが、今度はリフォームをするというからまたしてもカチンときてしまったのです。本音はそんなご家族がうらやましかった様子。打ち解けたおかげで、なんとか許可をもらうことができました。

また、とあるタワーマンションでは、高層階と低層階の修繕積立金が同じなのは不公平ではないかと、議論が巻き起こりました。高層階行きの高速エレベーターの維持費が高額なためです。そのせいかどうか、高層階と低層階には確執があり、露骨な態度をとる人もいるそう……。

生活時間の違いにも注意が必要です。ある時、小学生の姉妹がいるご家族のご依頼で、中古マンションを管理規約通りにリフォーム工事をしてお引渡しした矢先の出来事。工事後しばらくして階下の老夫婦から、「床の衝撃音で精神的苦痛がある」とクレームが入ったのです。これでは、幼い姉妹はお家では気を遣って思うように遊べません。

工事はきちんと行っており、ご家族も床衝撃音解消フローリングの上に、さらにマットを敷いて対策をしています。階下のお部屋の音の検査をさせてもらったのですが、騒音は発生していませんでした。建物の音というのは、床だけではなく壁や天井などの構造体全体から振動として伝わります。しかし、そちらを検証しても全く問題なし。

色々調べた結果、若いご家族と老夫婦の一日の時間の使い方に時差があるため、この老夫婦は神経過敏になっていたようです。なんとか間を取り持って大きな問題にはならなかったのが救いですが、同じようなケースは数多く発生しているようです。

快適なマンション生活ですが、近隣の方への配慮がなんといっても大切なこと。一度ボタンを掛け違えてしまうと、なかなか厄介なものです。うまくいっている近隣とのお付き合いは、子育てを助け、孤独を解消するなどのメリットもたくさんあるのですが……。

マンションこそ、住人同士のコミュニケーションが大切だということですね。

戸建住宅のメリット・デメリット

戸建住宅は、管理費・修繕積立金がない分、マンションよりも価格を上げての購入が可能です。しかし、家はメンテナンスが必要。いざという時の修繕費はやはり積み立てておく必要がありそうです。計画的に修繕費を貯めていけるような支払い計画を立てましょう。

また、少子高齢化の現在、２０３３年には3軒に1軒が空き家になるという予測データも出ています。共働き世帯が増え、時間に価値を見出し始めた人々は、より利便性を求める傾向が強くなっています。団塊世代がこぞって購入したベッドタウンは、今深刻な空き家問題に直面しているのです。駅や中心部から遠かったり、買い物など生活に不便だったりする土地は、資産性が落ちるリスクを覚悟してから計画的に購入しましょう。

先にお話しした、地域のコミュニティや地域ぐるみの新しいリノベーション計画など、魅力的な街であるかどうかも大切な選択肢です。実際に街を歩き、その街の空気を吸って肌で感じる感覚は大切なこと。ぜひ、ご家族そろってお出かけしてみてください。

悩ましき人間関係〜戸建住宅の場合〜

お家のリフォーム工事や修繕工事を行う場合、きちんと段取りを踏んで正当な工事を行ったとしても、騒音や職人さんの車の出入りなどを不快に感じたご近所さんに、警察に通報されてしまうケースもあるのです。警察は通報があれば現場に行かざるをえませんので、そこから役所へ連絡が行き工事が頓挫してしまうことも……。戸建住宅の場合もマンションと同じ。工事の挨拶は丁寧にしておくことが重要です。

また、ある家では楽器演奏の音がうるさいと、道路を挟んだ向かいの、さらに2軒隣のお宅からクレームがありました。防音対策はしっかりとっており、もっと近くの両隣や向かいの家からは音は気にならないと言われているのですが……。音や匂いなどの感覚は人それぞれなので、こればかりはどうしようもありません。民事なので警察は介入してくれず、当人同士で解決するしかないのです。

以前、住宅街にコインランドリーを新築したことがあるのですが、その時に問題になったのが、やはり「匂い」です。

今は洗剤や柔軟剤の香りも選べる時代です。コインランドリーは、おしゃれで女性が多く利用している人気スポット、香り自体も様々です。しかし、近隣住民からするとそれこそが悩みの種。頭痛や体調悪化を理由に訴えられてしまうことがあるのです。その時の工事では、おおごとにはならなかったのですが、なんとも悩ましき現実です。

人間関係のトラブルを避けるためには、戸建住宅でもマンションでも、どんな人が周りに住んでいるかチェックが必要のようですね。マンションの場合は、管理人さんに聞くと詳しくお話ししてくれることがありますので、ぜひ声をかけてみてください。ちょっとしたご挨拶の品をそえると印象も違うのではないでしょうか。

住宅を購入する前に

お家を買うことは、本当に勇気がいることです。どんなに万全に調査したり調べたりしても、やはり不安はつきもの。住宅の目星がついたら、必ず建築士や建築に詳しい専門家の方に、直接家の状態を見てもらいましょう。図面、天井裏、床下などもチェックしてもらい、リフォームやリノベーションの方法やアドバイスをもらうことをおすすめします。

物件を購入してからリフォームやリノベーションを依頼する方が多いのですが、それだと思わぬ工事費がかかってしまうことも。予算の上限があるのは当然です。不動産屋さんとリフォーム・リノベーションをお願いする業者の方をからめて住宅購入に踏み切るのが、一番良い流れだと思います。これらはまた二章の「まずは建築屋さんの違いを知る」で詳しくお話ししていきますね。

Chapter 02

建築屋さんの選び方

まずは建築屋さんの違いを知る

住み始めてからの後悔をなくすために

さあ、いよいよ実際のリフォーム・リノベーション工事についてのお話を進めていきますね。

まず初めにすることは、住まい方の再確認です。今、何に不満を抱えているのか？　どんな暮らし方を希望するのか？　ご予算の見通しは？　などなど、生活を共にする家族間での話し合いがまずは大切です。方向性をきちんと話し合った上で、次なる一歩を踏み出さなければなりません。その理由は、住み始めてからの「後悔」をなくすことと、覚悟といったところでしょうか。他人では決められない大切なことは、家族間のコミュニケーションのもとで成り立つのです。

この決定や覚悟が曖昧だと、途中で家族間の争いごとが起こってしまい、完成後に最大の満足と感動を味わえないことがあるのです。大切な資金、「後悔先に立たず」です。
数多くのご家族とともにたくさんの住まいと向き合ってきましたが、家族間のコミュニケーション不足から起こる争いには何度も遭遇してきました。ご家族同士しっかりと向き合い、夢を語る時間を大切にしてほしいのです。そのあとで、建築屋さんと向き合ってもらいたいと心から願っています。

「誰に相談したらいいのかわからない」

リフォームについてのアンケートでは、いつも上位に来る答えがこれ。そんな疑問や不安を踏まえてお話を進めていこうと思います。
リフォーム・リノベーション業者、ハウスメーカー、工務店……リフォームやリノベーションを依頼する業者にはいくつかの選択肢がありますが、その違いはよくわからないですよね。どんな特色があり、どんなところを見ればいいのかというポイントをまとめてみました。

リフォーム業者、リノベーション業者

まず、リフォーム・リノベーション業者を思いつく方が多いのではないでしょうか。大手住宅情報サイトで資料を一括請求できたり、施工済みのきれいな写真が並べてあったりと、身近で手が出しやすくなっています。

経験豊富なプロフェッショナルな人材も増えてきたことは、確実にリフォームという業態が認知され、求められてきた結果だと思うのです。

しかし、リフォーム・リノベーション業者には実は隠れた問題点があるのです。それは、「500万円以下の施工なら、建設業の許可という資格なしで誰でもできる」という法律の抜け穴です。もう少し詳しくお話しすると、500万円以上の建築一式工事以外の建築工事や1500万円以上の建築一式工事を請け負う場合に、建設業の許可が必要だということ。裏を返せば、500万円以下の工事ならば、経験に関係なくお客様と契約が交わせてしまうんです。通常、建築屋さんの看板を掲げていれば、当然ながら建設業の許可という国のお墨付きがあると思いますよね。まだまだ改善されなければいけない大きな問題が

そこには存在しているのです。

新規参入業者も多く、工事の質もまちまち。有資格者さえ置いていない業者も多く、家の図面を読めないなんてことも。ひどいところは、資格が必要な５００万円以上の高額な工事も、請求書を小分けにすることで建前は無資格でＯＫの範囲だと言い張って、法の抜け穴をすり抜け施工してしまったりします。

ポイントのリフォームだけならいいですが、大規模なリフォーム・リノベーションの時は、必ず建築士や建築の有資格者が在籍する業者に依頼することをおすすめします。建物調査の時に、建てた時の図面を要求せず、天井・床下も見ないまま見積もりを出すような業者には要注意です。

また、複数の業者に相見積もりをお願いするという方法が一般的になっていますが、どの業者も低価格で提示をして、より多くの契約に漕ぎつけたいものです。そのために、見積もりには最低限の材料費・工事費しか含んでいない場合が多く見受けられるのです。そういう業者にいざ工事の依頼をすると、あとから上乗せで費用が膨らんでしまうという大変なことも起こってしまいます。契約前には必ず設備の仕様や工事方法などをチェックし、詳しい説明をしてもらいましょう。

さらに、業者によっては、キッチンやトイレなどの設備のメーカーにしばりがある場合もあるのです。付き合いのあるメーカーや会員になっているメーカーから安く仕入れて儲けを出す。営業戦略とでもいうのでしょうか。こだわりのメーカーがあるのならば、はじめに聞いておくのがよいでしょう。契約後に「そのメーカーのものは取り扱っておりません」なんて言われてしまっては大変ですから。

実際に施工する職人さんについては、自社で抱えている業者もあれば、すべて委託している業者もあるのが建築の世界。そのこと自体は問題ありません。大切なのは、現場責任者として施工を管理してくれるかどうかです。工事現場にもちゃんと足を運んでくれるかを確認しましょう。責任施工が基本です。現場を見に来ないなんてありえない行為。きちんと確認をとってから先に進めることをおすすめします。

数社のお見積もりをとった場合には、価格の比較は総額ではなく、必ず共通項目で見比べましょう。お客様目線で丁寧に作られた見積もりなのか、一式見積もりなのかで、その会社の姿勢までもがそこからうかがえるはずです。総額だけに惑わされないことが大切なのではないでしょうか。

口コミサイトは善か悪か？

私の会社にも住宅情報サイトからよく「掲載しませんか」と電話がかかってきますが、大半はお断りします。なぜなら、これらのサイトの中には、追加料金を払うほど検索の上位にいったり評判の点数がよくなるというシステムがある「悪質なもの」も含まれているからです。あえて満点や1位ばかりにしない巧妙さには驚いてしまいます。ついつい信用しがちですが、口コミは参考程度にとどめておくのがよさそうです。

ただ、全部が悪徳業者！というわけではないので、出会いのきっかけにするというスタンスがいいのではないでしょうか。

数社に見積もり依頼をする場合、同条件では決して出てこないことを覚えておいてくださいね。絶対に安さで比較はしないこと。あるところは見積もりをとにかく安く見せるため、蛇口ですらオプションだった、なんて話も聞いたことがあります。ファーストコンタクトでは、担当者の提案力や親身になってくれるかどうかの本気度を比較することが大切だと思います。

ハウスメーカー、住宅メーカー

本来は新築をメインで扱うハウスメーカーも、最近はリフォーム・リノベーション部門に力を入れるようになってきました。その理由は、新築部門の伸び悩みです。昔のハウスメーカーは、新築販売の部門が花形で、その次に中古販売部門、そして一番下にリフォーム・リノベーション部門がありました。稼ぎ柱が、新築住宅だった頃のお話です。

ところが最近は、あえてリフォーム・リノベーション部門を希望する人材も増え、かつてのように仕事ができない人がリフォーム・リノベーション部門に回されるということは少なくなってきました。その理由は、やはりリフォーム・リノベーションの注目度。加えて、リフォーム・リノベーションというのは、経験が命だということ。リフォーム・リノベーションを経験した者は、新築の世界で通用する。新築だけを経験した者は、リフォーム・リノベーションの世界では通用しないということも業界内では有名な話なんです。

さて、誰しもが聞いたことのある大手メーカーの名前は安心感こそあるものの、広告宣伝費が工事費に反映されていることは念頭に置いておきましょう。さらに、担当者頼みという側面があるのです。メンテナンスの問い合わせをしても、担当者が異動や退職をしてしまった場合にはパソコンに残されているデータのみでしか対応してもらえません。せっかく築いた人間関係はどこに……といったことがよくあるようなんです。私の会社に困って駆け込んでくるお客様が多いことからもうかがえる事実です。

また、大手メーカーと言っても実際に施工するのは下請けの職人さんです。大手だからなんとなくすごい職人さんを集めているようなイメージですが、リフォーム・リノベーション業者も使う職人さんは同じなんです。今は、職人さん不足の時代。私の会社にも、頻繁にハウスメーカーからの施工依頼が舞い込んできます。そして、ハウスメーカーが設定している利益率はかなり高めという印象も否めません。同じ工事をリフォーム・リノベーション会社にお願いをしたら、ハウスメーカーのほうが自社の利益設定が高いのです。結果、下請けの職人さんがもらう工事費は、リフォーム・リノベーション会社より低いということもあるのです。

職人さんは、少ない工事費の中でやりくりしなくてはなりません。悪事をはたらこうとすれば、材料の質を落としたり、量を減らしたりできてしまいます。目に見えないところで節約をされてしまうことがあるという話です。例えば外壁にペンキの節約をされてしまうと、一見は問題なく見えても2、3年ではがれてきてしまいます。

こういったことのないよう、ハウスメーカーに頼む場合は、最後まで責任をもって現場を管理してくれる人物であるか、しっかりと約束通りに進められているのかを管理できる担当者であるか、見分けることが何より大事です。このことは、ハウスメーカーだけのお話ではありません。すべては信頼関係。どこの業者に頼んでも同じこと。しっかりと見極めることが大切なんです。

不誠実な業界

もう潰れてしまいましたが、昔頻繁にテレビＣＭを流していた某会社。噂では、社長は自分の好きなタレントを高額で使い続け、下請けの職人さんにはお金を落としていなかった結果、施工不良が頻発して経営が傾いたとか……。

また、この業界の離職率は高いです。次にリフォームをお願いする時はすでに担当者がいなくなっているなんてこともザラ。工事の経緯を一番わかっているはずの担当者なのに、工事が終われば縁が切れるというのは、やはりあまり好ましくありませんね。

工務店

工務店に直接依頼するという方法もあります。実際に作業する職人さんなので、建物の構造体についてはプロです。また、地域密着でお仕事を行っている場合は相談しやすいかもしれません。しかしリフォームやリノベーションは、建築のことだけ知っていればいいというわけではありません。その家族の歴史や環境を知り、描いている夢を叶えてこそいい家づくりだと言えるのです。

何事もトータルバランスが大切。構造のことだけではなく、図面が描けて、提案力や発想力やデザイン力があり、最新商品知識なども豊富な工務店に依頼をしましょう。最近では自社のホームページを持っているところも多いので、色々な情報が得やすいですね。まずは情報収集からTRYしてみることをおすすめします。

設計事務所、建築事務所

設計事務所や建築事務所は、建築費用とは別に設計費用が別途建築費の10％ほど掛かるという難点はありますが、親切丁寧な相談窓口となってくれる設計事務所も数多く存在します。住宅に強い設計事務所なのか、商業施設に強いのか、得意とする分野は様々です。必ず確認してみてくださいね。もし、住宅設計を自身の作品のように考えるような設計事務所であればおすすめいたしません。なんといっても主役はお客様なのですから。

設計事務所は、最新の情報や流行に敏感なので、強いこだわりがあり、予算に余裕のある方にはいいかもしれません。施工まで責任をもってやってもらえるか、設計監理だけなのかはその事務所によりますので確認が必要なところです。

不動産会社

建築部門を持つ不動産会社も数多く存在します。物件探しから始める場合には、便利かもしれません。不動産とリフォーム・リノベーションを行う建築部門が連携しているためスムーズに相談ができるメリットがあるようです。不動産会社が懇意にしている建築屋さんを紹介するというスタイルもかなり多いのが現状。その際、裏ではリフォーム・リノベーション業者から不動産屋さんへの紹介料が発生しています。その紹介料は、実はリフォーム・リノベーション業者から出てくる見積書に上乗せして含まれている事実を念頭に置いておきましょう。

以上のように、リフォーム・リノベーションの依頼先の選択肢は、多岐にわたります。これらの業者を総称して、この本では「建築屋さん」と呼ぶことにします。

隠しちゃえばわからない!?

とある賃貸マンションのオーナーの方に、いくつかの部屋のリフォームを依頼された時のお話。今までは顔見知りであるガス会社のリフォーム部門に依頼していたところ、借主の方からあまり評判が良くなかったようです。そこである方から紹介をされて私の会社に相談が舞い込みました。

プランニング提案　そして金額の打ち合わせと段取りよく進み、いざ工事に取り掛かってみると、壊しても壊しても下から出てくる古い壁。汚い壁を隠すために、解体費や廃棄物処理費用をケチって、工事のたびに上から幾重にも重ねてしまったんですね。

通常、重ね張り工法ということも行いますが、3層4層まではありえない。こんな乱暴な施工なら、他の場所も手を抜いていたに決まっています。クレームが来るのも当然……。

またとある戸建住宅のトイレのリフォームを請け負った時のこと。床の板を解体してみると、なんと粉々になった和式トイレが姿を現したのです。どうやら以前に行ったトイレ工事の時、担当者が廃棄物の処理費用を浮かせるためにこんなことをしてしまったようです。

廃棄物の処理費用は意外と高く、4トントラック1台で運搬費を含めれば7万円ほど。大規模なリノベーションだと6台くらいのトラックが必要なので、かなり費用がかさみます。お客様の中にはこの廃棄物の処理費用を値切る方がたまにいらっしゃるのですが、その結果、見えないように隠されてしまったのでは大変ですね。

今はどこで出たゴミがどういう経路をたどって捨てられているかを追跡するという法律があるのです。もし、不法投棄なんてされてしまったら法律違反で罰せられてしまう現実。これは最悪な業者の典型ですね。同業者として、本当に恥ずかしい限りです。

悪徳業者につかまってしまったら

いざ契約をして、何か気になることが発生したり、緊急事態で工事を取りやめなければならなくなってしまったりしたら……。

リフォームやリノベーションは、ほとんどの場合でクーリングオフが使えます。クーリングオフとは、契約してしまっても、8日以内ならば書面で契約解除をすることができる制度です。２００９年（平成21年）から施行された改正特定商取引法。住宅リフォームはその対象になるのです。国民生活センターの発表によると、住宅リフォームのトラブル相談は年間1万件以上もあるという大問題。世間では、リフォーム業者＝悪徳業者というイメージが強いのも納得してしまう数字ですね。

クーリングオフの方法は簡単です。契約書面を受け取った日を含めて８日以内に、特定記録郵便や簡易書留で、相手方に契約解除をする旨を通知するだけでＯＫ。電話や直接会うことをしなくても契約前の状態に戻り、支払った代金も返してもらえます。強引な勧誘にあい、つい印を押してしまった時のためにぜひ覚えておきましょう。

きれいな花には毒がある？

強引にリノベーションの契約をさせられてしまい、クーリングオフをしたいのですがどうしたらいいですか？　という相談を受けた時のことです。

いくら業者さんに問い合わせても「担当者は不在です」の一点張り。どんなにお願いをしても、取り次いではもらえませんでした。結局クーリングオフの期間が過ぎてしまい、困って私のところへ相談に来られたのです。

何日かして、その業者さんから「契約金の請求に応じなければ裁判をする」との通達が来ました。裁判になればほぼ勝てるとわかっていましたが、その方は業者と早く縁を切りたい一心で、100万円近い契約金を払ってしまいました。その業者さんは他にも色々なもめごとで裁判を抱えている、業界内では有名な悪徳業者。オフィスは目を見張るほどきれいで立派、一見したところは悪徳業者だとは全くわからないのも手の内なのかもしれません。

世間話という魔法

信頼できる担当者はホームドクター

いったいどうしたらいい建築屋さんや担当者が見つかるのでしょうか。これこそが最大のポイントですね。

建築に詳しい、親身になってくれる、という点は必須ですが、やはりその担当者を知るための判断材料が必要です。そのためには、どんどんこちらから質問をぶつけてみたり、世間話をして人となりを探ってみたりするといいかもしれません。

「何年この仕事をしているのですか？」

「会社に建築士やインテリアコーディネーターはいますか？」

「お料理はしますか？」

「ご家庭はもっていらっしゃるのですか？」

「あなたが最後まで担当されるのですか？」

経験年数の浅い人では頼りないし、有資格者がいない建築屋さんでは、大規模なリノベーションをこなすには力不足。自分で家事をするような人でなければ、うわべだけのデザインで使い勝手や動線までイメージできないかもしれませんね。世間話をすることでその人の人となりを知ることもできます。たかが世間話、されど世間話なんです。

実際に、建築屋さんという立場で初めてお会いするお客様に対して私がいつも心がけていることは、お仕事の話の前にお客様の人となりを知ることです。そこから見えてくるその人の価値観を読み解くことが成功のカギ！　仕事の話をテキパキと進めるのは、信頼関係ができてから。そのための世間話、無駄ではないんです。建築屋さんだって、とっても不安なものなんです。どんなお客様なんだろう？　どんな希望があるんだろう？　こだわりは何？

だから、お客様のほうからの質問は大歓迎。どんどん気になることは聞いてみるといいと思うのです。何が気になるか、何を解消したいかを明確に伝えることが大切ですね。

そして、その答えから見えてくる担当者の人となり、質問によってはその場で返ってくる答えがその人の提案力や知識の量を物語ります。そんなやりとりを大切にしてもらいたいのです。建築屋さんとの会話や世間話があってこそ、見積書では見えてこないことがたくさん見えてくるのではないでしょうか。

そして、工事が終わったあとも長く付き合っていけるかどうかという点を見極めましょう。家は、体と同じようにメンテナンスが必要です。メンテナンスを怠っていれば、大きな工事が必要になったり寿命が早まったりしてしまいます。

メンテナンスの重要性については、四章の「住宅のお手入れ」で詳しくお話ししていきますが、何年後にはどこを修繕して、何年に一回定期点検をする、という未来まで描けている担当者だと信頼できます。そして、そんな担当者が、いつでも近くにいれば安心ですよね。長いお付き合いができる担当者は、いわばホームドクター。しっかりと見極めてくださいね。

お客様にしてほしくないこと

お客様という立場で決してやってはいけないことは、同日時に複数他社の建築屋さんをひと集めにして相見積もり（あいみつ）をとること。一度に説明ができて現地調査の時間も一度で済むため、効率的なのでやらかしがち。でも実は、建築屋さんの側としてはまるで品定めされているようで、気分がよくありません。実際私は、そういう場合は事前にお断りしているんです。

複数業者に見積もり依頼をする場合、必ず調査時間をずらして一社ずつ個別に打ち合わせを行うという気遣いは、絶対に必要だと感じています。

また、「見積もり無料」を利用して、無理難題な注文を付けすぎるのも困ったものです。あるお客様に「図面を編集可能なデータで送ってくれ」と言われた時には、さすがに怒りを覚えました。素材のデータも入ったその図面を他の建築屋さんにばら撒いて、相見積もりを取るつもりだけだったのならまだしも、私の図面を元にして、そのデータに手を加えて新たな図面を作るつもりだったのかもしれません。知恵を絞り苦労して描いた図面を軽々しく扱われた、本当に悲しい出来事だったことを思い出します。

建築屋さんと依頼主はどちらが上でも下でもいけません。正当な作業に対して正当な対価を支払うという、対等な立場で向き合っていけることが理想であり、それが業者からのお願いです。

あと一歩間違えていたら……

戸建住宅を二世帯仕様にリフォームしたいというご相談がありました。なぜだか、どこか諦めムードなそのお客様。よく聞いてみると、当初は別の建築屋さんと契約間際まで進んでいたそう。しかし、高額であるのに加えプランも気にいらず、半年間やり取りをしても信用しきれなかったために、ある方の紹介で私のところへ相談に来てくれたのです。どうせ今回も同じような金額とプランが出てくるのだろう……と諦めていたのかもしれません。

当初の建築屋さんが出したプランを聞いてみると、抜いてはいけない柱を抜き、やらなくていい補強工事を予定され、家がもたないめちゃくちゃな内容です。工事費も色々上乗せされた不当な金額でした。お客様が感じていた「なんとなく信用できない」というカンは当たっていたのです。もし、自分がお客様の立場だったらと考えるとぞっとします。

現地調査とヒアリングを行い、できること・できないことをしっかりお話ししてプランニングとお見積もりを出させていただくと、納得して私の会社に工事をお任せくださいました。

もし、最初の業者さんが工事をしていたらどうなったのでしょう？　なんとも恐ろしい話です。なぜなら、抜いてはいけない柱がなくなっていたのですから……。

参考になる建築資格

どんな資格を持っているかで業者を選ぶ

資格は自分のスキルを高めてくれる大切なものですが、同時にお客様に信用していただくための指標にもなります。

一級建築士、二級建築士、木造建築士、建築施工管理技士、インテリアコーディネーター、インテリアプランナー、インテリア設計士、マンションリフォームマネージャー、エクステリアプランナー、キッチンスペシャリスト、増改築相談員、福祉住環境コーディネーター……。建築関連の資格は山ほどあります。その中でも、リフォームやリノベーションの場合に信頼の指針になるのが、プランニングを行う建築士とインテリアコーディネーター。現場を管理するには、建築施工管理技士といったところです。

よく聞く一級建築士と二級建築士ですが、その違いをご説明しますね。

簡単に言えば、設計できる建物の規模と構造です。二級建築士は、木造ならば3階まで面積は１０００㎡以下。木造以外の構造ならば、3階までの１００㎡以下ということになっています。一級建築士にその制限はありません。共通点は「戸建住宅の設計」です。一級建築士も二級建築士も、構造体のプロと考えて間違いありません。

一方、インテリアコーディネーターは、より幅広い商品知識を持っています。キッチンやお風呂、洗面台などの設備の知識を一番豊富に持っているのは、インテリアコーディネーターでしょう。そして、カラーコーディネートやデザイン・照明計画のセンスもあり、洗練された空間演出を得意としています。

マンションのリフォームの場合、マンションリフォームマネージャーという資格もその効力を発揮します。マンションの専有部という限定された空間をいかに魅力的にリフォームできるかの提案力が試されます。多様化する住まい方、収納の悩みは世代を超えて共通するもの。そんな悩みと向き合う住空間収納プランナーという資格も人気です。また、ちょっと聞きなれない木造建築士は、木造住宅のスペシャリスト。木造という建物に特化した資格で、二級建築士よりも設計できる規模は小さいのですが、木材の知識が豊富なことが最大の特徴です。

時代のニーズに合わせて、求められる資格も変わります。年々、新しい資格が誕生する建築の世界。面白いところでは、空き家管理士、ホームステージャー、遺品整理士、ライフスタイルリフォームアドバイザー、福祉住環境コーディネーターなど。

依頼する建築屋さんを決める時には、どういうこだわりを持っているか、どんな夢を叶えたいか、そのためにはどんな専門的知識が必要なのかによって、相談する有資格者が違うということを念頭においておくとよさそうです。リフォーム・リノベーションを成功に導く大切なポイントですね。

重大な忘れもの！

ある時、ウォシュレットが不具合を起こしたことをきっかけに、トイレを最新式にリフォームしたいというご相談がありました。ショールームでよく吟味して商品や内装も決まり、いざ解体日のこと。便器を外したら、なんと床の下地板がグズグズに劣化し、腐っていたのです。

原因をさぐると、本来は床と便器の間に設置しなければいけないパッキン状のものが入っていません。そのために汚水が徐々に染み出し、床が腐ってしまったのです。トイレが古いせいだとあきらめていた匂いの原因は、実はこれでした。前に行ったリフォームの時に、担当した職人さんが部品を入れ忘れてしまったのでしょう。

ひどく劣化した床は、もう少し発見が遅かったら陥没していたところでした。幸いにも大事に至る前に発見することができましたが、お客様にしてみれば、許しがたい大問題。見た目にはわからない欠陥は、いつしか重大な事故に繋がる可能性もあるのです。

Chapter 03

建築屋さんとの付き合い方

打ち合わせからの手順

大事なのは請負契約書を交わすタイミング

お願いする業者さんが決まったら、いよいよ具体的な打ち合わせが始まります。最初は誰もが不安なものです。

どんな手順で進行していくのか？　何に気を付けたらいいのか？

順番にお話ししていきますね。

大切なことは、どの段階で請負契約書を交わすのかということです。建築屋さんによってタイミングは違うようですが、必ず請負契約書を交わしましょう。口約束だけは絶対にNGです。私の会社の場合、何度かプランの修正打ち合わせを行い、そこで修正お見積もりをご提示させていただいたあと、これでお願いしますという意思表示をいただいた時点で、請負契約書を交わします。

具体的な打ち合わせを行っていくと、仕様や工事内容が変更になっていくもの。その場合はその都度、変更の金額をお話しさせていただきます。

工事が完了した最後に、追加変更金額を記載したご請求書をお渡しして、ご精算させていただいています。

では、具体的な打ち合わせ内容の進行についてお話ししていきます。

打ち合わせは、数回に分けて行われます。最初は、間取りや動線の確認です。仮に決まった内容を確認する作業で、しっかりと図面を見ながら打ち合わせを行います。

次に、実際に使う設備機器や材料の確認です。できればショールームに行って、実際に体験・体感しながら決定することをおすすめします。最近の各ショールームの状況ですが、土曜日や日曜日はかなり込み合っています。ふらっと立ち寄っても入れない状況です。

建築屋さんを通して予約をするとスムーズですから、できれば建築屋さんに同行してもらい、部屋のイメージや予算などを念頭に置きつつアドバイスをもらえるといいですね。

便器には座ってみる、お風呂には入ってみる、床は踏んでみる、といったふうに、実際に体験してみることが大切です。

間取り・動線・細かい仕様部品が決まりました。次は、電気のこと。スイッチやコンセントの位置・照明器具や明かりの種類。この時点では、テレビやパソコンの位置・電化製品の位置などをおおよそ決定しておかなければなりません。必要な個所に必要なコンセントをつけるためです。大きな家具がある場合は、その配置も大切。置く位置によっては、スイッチが隠れてしまうこともありますから。

次に、収納などの細かい高さや使い勝手の打ち合わせです。効率的な間取りでも、その細かい使い勝手に失敗してしまったらもったいないですね。

例えば、クローゼットに何をしまいたいのかによって棚板やハンガーパイプの高さが変わってしまいます。一般的な高さで終わらせないでくださいね。

最後に、内装材の色を決定していきます。床の色・壁の色・天井の色・アクセントカラー・設備機器の色とのバランス・持っている家具とのバランス、かなり大変な作業になってきますが、ここは専門家としっかり打ち合わせをして、イメージを作っていきたいところです。内装材などの決め方は、四章の「ワンポイントアドバイス」を参考にしていただけたらうれしいです。

工事期間の計画は念入りに

工事期間は、工事の規模や方法によって大きく違います。

例えば、部分的なリフォームの場合。トイレのリフォームなら1日、キッチンの交換では、広く内装が絡んでくるケースが多いので1週間ほど、ユニットバスの交換は3日くらいが一般的です。

リフォームやリノベーションになれば、打ち合わせから考えると最低3カ月、フルリノベーションなら半年かかるつもりで、余裕をもってスケジュールを組みましょう。

賃貸住宅から念願のマイホームという流れの場合、現在の住宅の更新月に合わせて工事を依頼される方が多いですが、「そんなに長くかかると思っていなかった！　更新月を跨いでしまう！」と慌てるケースに遭遇したことも何度かあります。

短い工期で済ませる「突貫工事」というものもありますが、後悔が残ってしまうことが多いようですので、計画は念入りにするのが吉。どうしてもという場合は、工事の途中での引越しも工程の組み方によっては可能です。建築屋さんに相談してみましょう。

「一緒に造りましょう！」が合言葉

私が常にお客様にお話しするのは、「リフォームやリノベは、一緒になって造るという共同作業ですよ！」ということ。中には建築屋さんに丸投げのお客様もいらっしゃるのですが、人生で何度も味わえないイベントなのですから、もったいない！

自分で選択したものには愛着の湧き方が違います。そして、完成した時に味わえる感動が違うのです。「自分の好みがわからない、どれがいいのか決められない」というお客様も、打ち合わせを重ねていくうちに自分の好みがだんだんとわかってくるものです。

一緒に造るという意識を持ったお客様の案件は、やはりこちらも「いいものを造りたい！」

という心構えにつながります。打ち合わせは大変ですが、皆さま、だんだんと目の輝きが変わってくるんです。具体的なイメージが湧いてくると、楽しくてしかたがないといった言葉まで出てくるほど。

そんな時、私は「絶対に願いを叶えなければ……」という覚悟があらためて生まれてくるのです。一言で言い表すのならば、同志といった感覚なんです。

夢を現実にしたリフォーム計画

とあるリフォーム相談会で出会った50歳代のご夫婦。はじめは「キッチンのガスコンロの調子が悪いので交換したい」とのことでしたが、打ち合わせを行っているうちに、夢があふれ出してきます。憧れているインテリアがあるの。快適なキッチンがいいわ。長時間座る便座にこだわりたい。掃除が楽なお風呂にしたい。洗面所をおしゃれに清潔な空間にしたい。玄関ホールをセンス良く改装したい……。

ガスコンロだけと思いきや、最終的には総額８００万円ほどの見積もりとなりました。８年の長期修繕計画を組み、無理なく楽しみながらの夢実現計画を提案しました。

このお客様とは、「一緒に造る」という想いが一致したため、とても仲良くなることができました。一緒に家具を買いに行ったり、お食事に招待いただいたり、あまりに楽しくて終電を逃してしまったことも。

また別のリフォーム相談会で出会ったご家族は、病気のご主人のためにトイレを快適に、娘二人のためにお風呂をきれいにしたいとのご要望でした。お互いを思いやる素敵なこのご家族とは、工事が終わった今でもプライベートでお付き合いさせていただいています。病に伏したお父様の「うちの娘たちをよろしく頼みます」という言葉は、今でも胸に焼き付いています。宝物のような素敵な出会いです。

住みながらのリフォームは1カ月が限界

住宅に住みつつ一部をリフォームするというケース。一番多いパターンです。その場合、工事の過程も常に見ることができるという利点があります。「現場監督はそこに住むお客様！」と言って、職人さんに喝を入れることもしばしば。

そんなメリットも大きいのですが、人の出入りが多いというストレスがあることが、デメリットになってしまうこともあるのです。できるだけ気を遣わず割り切ってしまうということも大切ですね。職人さんは、慣れているので大丈夫。

それから、どうしても埃がたつということは覚えておいていただきたいお願いです。どんなに丁寧な工事をしていても、微細な埃が静電気によって舞ってしまうのです。毎回職人さんも気にするところです。

住みながらの大掛かりな工事を行う場合には、ちょっと覚悟が必要です。工事によって起こるストレスも1カ月が限界。これは長年の経験から出した結論です。工事期間が長くなりそうな時は、例えばキッチンが使えない期間やお風呂が使えない期間に、「旅行をしてきたらいかがですか？」とおすすめをしています。リフレッシュ旅行が気分転換になり、ストレス解消となるようです。

リフォーム業はクレーム産業

ある実業家のご婦人から、自宅マンションにジェットバスを取り付けてほしいという依頼がありました。調べてみると、そのマンションは振動音の関係でジェットバスの取り付けは規約違反。それにもかかわらず、内緒でやってしまえばわからないと言いはるご婦人。さらに、お風呂のドアを一面ガラス張りにしたいとのご要望でしたが、ガラスを支えるためのアルミフレームすらなくしてほしいという細かい注文。いくつもの無理難題に、私は施工をお断りしましたが、あとから聞くと他の建築屋さんに依頼して、何度も何度も施工のやり直しをさせたそう……。

また、中古マンションのフルリノベーションをご依頼されたご夫妻。

ショールーム巡りにもお付き合いしましたが、どんどんと要望が増え、費用が膨らんでいきます。そのことをお伝えすると「大丈夫です！　ちゃんとお支払いしますから」という答え。心配になりながらも、お客様を信じて工事を進めていきました。しかし、工事中も大工さんには無理難題を突き付けます。堪忍袋の緒が切れた大工さんから、途中で抜けたいとの申し出があったほど。なんとかお願いをしてやっと完成の時を迎えたのですが、請求書をお渡しすると、「あれはサービスでしょ？」ととぼける始末……。当然、あとから請求することは伝えてあったにもかかわらず、この答えには困惑。開いた口がふさがらないとはこのことです。

結局、お客様の要望によって膨らんだ増額分は支払っていただけず、社会勉強の学習代にしては高額すぎて、反省の日々。人が怖い！　という感情がしばらくは抜けないほどでした。

工事が始まってからのポイント

職人さんへお茶とお菓子は出すべき？

いよいよ工事が始まります。リフォーム・リノベーションは段取りが8割です。あとは、工程表や打ち合わせ通りに建築屋さんが着々と進めていくわけですが……。

それでも、壁を壊せば想定外のあれやこれが出てくるもの。冷静に判断し、素早い対処法をみつけることが建築屋の使命です。

では、お客様が気を付けるポイントとは何でしょうか？

実際に工事に入る職人さんは複数人。知らない大勢の人が出入りすることになりますから、最初に必ず自己紹介をします。そこできちんと挨拶をすることが大切です。なぜかというと、その印象によって職人さんの意識が変わるのです。大勢の中の一人ではなく、お客様と向き合う姿勢に変わるのです。人間って不思議なもので、この最初の挨拶が本当に大切なんです。

細かいお話をすれば、現場のお茶問題。初めて経験されるお客様からは、必ず質問される悩ましい問題です。昔から、職人さんは10時と15時の休憩はつきものですね。毎日、時計を見ながらお茶とお菓子の用意？　これこそがストレスの原因。

気持ちは大変うれしく思いながらも、職人さんは時間がきてもキリの良いところまで作業をします。せっかくのご厚意が職人さんへのプレッシャーになってしまうかもしれません。一番ありがたく思われるのは、作業に集中しながら自分のペースで飲むことができるペットボトルの飲み物の差し入れです。寒い時期なら、ポットに入った飲み物とコップを一声かけて置いておくという気遣いで、気持ちはちゃんと伝わります。

また、工事中の見学は自由です。ただし、怪我などに気をつけて。工事現場は、色々な機械があり、材料の破片も散乱します。一声かけて説明を求めてみると、親切に教えてくれるはずです。気になることは、その場で解決が鉄則です。ちょっとした変更などは、思った時に伝えること。いったん仕上がってしまってからでは大変です。

重要な工事の箇所、完成すると見えなくなる箇所については、写真を撮ってもらうよう依頼しましょう。何年後かにまた工事をする時に役立ちます。

職人さんへの心づけは？

職人さんへの心づけですが、昔のように必須ではありません。心づけがないからといって手を抜かれることは絶対にありませんので安心してください。私の会社のお客様のお話をすると、最後に職人さんに菓子折りなどお礼の品をいただいているようです。バレンタインデーやクリスマスなどと重なる時には、ちょっとした贈り物をいただくようで、うれしそうに報告にきてくれます。ありがたいなといつも感謝しているのです。

一生懸命にがんばっている職人さんにとって、お客様からいただく直接のおもてなしは、お仕事をする励みになっているようです。これは一例です。「ご苦労さま」の一声だけでも気持ちは絶対に伝わりますから。

好かれる客、嫌われる客　～実際のあるある話～

サービスしたくなるお客様とは？

建築屋さんや職人さんも人間です。やはり、サービスしたくなるお客様と、そうでないお客様がいるのです。

例えば、作業中の職人さんへの質問攻め。質問に時間が取られてしまうと、工程が大きく狂ってしまいます。

また、たまにいらっしゃるのが、工事に参加したがるお客様。正直、これはありがた迷惑である場合が大半です。やはりそこはプロの仕事場ですので、常識ある行動を。特に配線や配管については、資格がなければお客様の参加はお断りしています。もし不備があり火事になったりすれば大変なことになってしまいますから。

最近特に多いなと感じることは、設備商品の値段をネットで調べるお客様です。ネットで安く買い、取り付け工事だけ依頼したいというリクエストもありますが、これはタブーです。壊れた場合に商品の故障なのか、工事のミスなのかの判別がつきません。保障の範囲があいまいになってしまうのです。リフォーム・リノベーション工事は、基本的に責任施工。ネット金額を参考にすることは否定しませんが、値切る材料にすることは嫌われる行為だと感じます。

住まいながらのリフォームで意外と多いのが、工事する場所の荷物がそのまま置き去りになっていること。工程表の説明をする時に、お荷物の箱詰めと不用品の処分などをお願いします。箱詰めのお手伝いなどはさせていただきますが、貴重品には触れられません。

それなのに、整理ができていなくて、工事初日、職人さん総動員で箱詰め・荷物移動に時間が割かれ、結果初日は工事に入れないケースも実際にはあるのです。ひどい時はその時にいるものいらないものの選別が始まってしまったり、「出かけてくるからあとはお願い！」とほったらかしにされたりすることも。干した下着まで職人さんに片づけさせようとしたお客様もいてびっくりしたことを思い出します。こんな状態では、初日から工程が狂ってしまいます。

無茶なリクエストも困ってしまいます。「黙っていればわからないから」と言って、法律に抵触する増築をオーダーされることがありますが、もしばれてしまえば建築屋さんは業務停止、悪質ならば解体命令が出ることもあるのです。

逆に、建築屋さんをリスペクトしてくれるお客様には、こちらも誠心誠意対応したくなるのは世の常人の常。なぜか職人さんを下に見てくるお客様の多いこと……。アドバイスに耳を傾ける柔軟さを持つこと、知ったかぶりをせずに自分の希望を伝えること、ある程度のコミュニケーションをとることが大切です。気持ちよく工事をさせてくれるお客様には、ちょっとしたサービスをしたくなるもの。職人さんも心ある人間ですから。

お客様に救われる

ある権威あるお仕事をされている方のお家のリフォームでのこと。趣味が音楽鑑賞で、家にあるオーディオセットは高級品です。

ある日、職人さんが1台200万円もするという高級スピーカーの定位置を少しずらしたままで帰ってしまいました。するとその日の夜、奥様から「主人が怒っているのですが……」との電話。もう真っ青になってしまい、8時をまわっていましたが急いでお家に伺い、ひたすらお詫びをしました。あの時の土下座してお詫びした光景は、今でも目に焼き付いています。奥様の尽力もあってなんとか場は収まって笑顔が戻りましたが、懐の大きなお客様に助けられたあの出来事は、大事な教訓として胸に刻んでいます。

また、新宿の某ホテル地下のショップ改装工事でのこと。夜間工事中、解体のために大きなはつり器具を使っていました。声を掛け合いながら慎重に使っていたのですが、振動でホテルのエレベーターが停止してしまいました。当然、謝罪行脚とホテル支配人への始末書提出。重なる時は重なるもので、オープン前夜に間接照明器具が発注ミスのため届かないことが発覚。急いで取り寄せ、オープン日に日付の変わった夜中12時過ぎ、なんとか完了することができました。

そのあと、みんなで入ったファミレスでの打ち上げ、その時に食べたハンバーグステーキがおいしかったこと、今でも鮮明に覚えています。ショップのオーナー、運送会社、職人さん、みんなの助けがあってトラブルを乗り越えることのできた、思い出深いエピソードです。

誤算のリノベ

若者に人気の都心駅前に3階建てビルを所有しているオーナー様から、2階フロアがすべて空いたのでリノベーションしたいという相談をいただきました。

近隣動向調査や周辺の物件調査をしてレンタルオフィスを提案したの

ですが、頑固なオーナー様はワンルーム賃貸にすると一歩も譲りません。聞けば、賃料は相場よりかなり高額を想定しています。ワンルームということで入居者は若い方だと想定すると、その賃料は明らかに的外れです。駅近とはいえかなり古い建物なので、金銭的余裕のある人でも選ばない物件でしょう。

しかしどんなに説得しても譲らないオーナー様の意向で、ワンルーム賃貸としてのリノベーションを行いました。工事が完了し、いざ募集をかけてみたものの、案の定入居者は集まりません。空室にしびれをきらしたオーナー様から、レンタルオフィス仕様に変更してほしいと再度相談があったのは、入居者募集から半年たってからでした。

使えるものは再利用した極力金銭的負担の少ないプランで、レンタルオフィスに造りかえました。するとたちまちしっかり稼働してくれて、こちらも一安心。市場調査の大切さを痛感したエピソードです。

困ったクレーム

床にフローリングを張る工事でのこと。フローリングというのは自然の木目を生かしながら加工された仕上げ材なので、節のような柄があり、色や風合いも1枚1枚微妙に違うもの。職人さんは柄や色が自然に見えるように1枚ずつ確認しながら張っていくので、極端におかしい板は使わないという神経を持ち合わせています。しかし、その節がいやだと言われてしまえば、周辺全部張り直しに。フローリングというのは実《さね》をかみ合わせながら張っていくので、1カ所だけ簡単に取り換えられるわけではないのです。

また、シャワーフックを取り付けたあとで、「あと1センチ位置を変えてくれないと使いづらい」というクレームもありました。手すりの1センチの差は大きいためよくヒアリングしますが、シャワーフックなどは数センチの差に大きな違いはないため、メーカーのおすすめしている位置で取り付けることが大半です。この場合もパネルごとの交換が必要なので、大掛かりな修正となりました。

細かいこだわりがある場合は、必ず最初に伝えておきましょう。

招かれざる入居者

ある集合住宅のリノベーション工事でのこと。オーナー様のご要望でおしゃれな空間によみがえらせて、入居者が決まりほっとしたのも束の間、「大変なことが起きている!」と電話がありました。

急いで駆けつけると、床下で水漏れが発生し、プール状態に。そこから大量の蚊も発生している恐ろしい光景。まさか工事ミス!? 大急ぎで調べてみると、電気温水器の配管からの水漏れでした。そう、原因は「ネズミ」。どうやらビニールの配管をがりがりとかじってしまったようなのです。近隣で数件同時にリフォームが重なり、ネズミが大移動して起こった事件。不幸中の幸いにも、現場は1階だったため階下への影響はありませんでしたが、ネズミの恐ろしさを再確認した出来事です。

Chapter 04

リフォーム
&
リノベアドバイス

家族構成別・リフォーム具体例

住まいに対するこだわりが詰まったリフォーム

ここではリフォームやリノベーションの実例を、具体的にご紹介していきますね。間取りの正解は、人の数だけあるのです。そしてそこには必ずそれぞれのストーリーがある。現在はご家族のあり方、生活スタイルは多様化しており、「正解」の幅も広がってきました。

その方にとっての魅力的な住まいは、広さだけでは表せないと感じます。閉鎖的空間が好き、開放的空間が好き。時には浴室はいらないわ、と言われたお客様もいらっしゃいました。その理由は、「毎日スポーツクラブでお風呂に入るから必要ないのよ!」。納得です。「せめてシャワールームはつくりませんか?」そんな会話を思い出します。

これからご紹介するのは、実際に私がリフォーム・リノベーションを手がけた住まいです。ほんの数例ですが、住まいに対する様々なこだわりが現れている実例をピックアップしてみました。

どんなご家族（賃貸ならオーナー様）が、何に悩んでいるのか、どんな暮らしをイメージしているのか、どんなこだわりがあるのか。

すべては、生き方・ご家族の歴史・今置かれている状況が、住まいに対する価値を決めるのです。それに耳を傾け、時にはご家族の気づかない問題点やアイデアをお話しし、予算内で最善の提案をさせていただきました。

ビフォー・アフターの間取りだけでは見えないそれぞれのストーリー。その大切な思いを実現した施工例と合わせてご紹介させていただきます。

十人十色の住まい方、そして思いは叶うもの！

少しでも、皆さまの家づくりのヒントになれば幸いです。

猫も幸せな回遊型間取り

家族構成 ご夫婦＋ペット

広さ 約80㎡全面改装

予算 1500万円

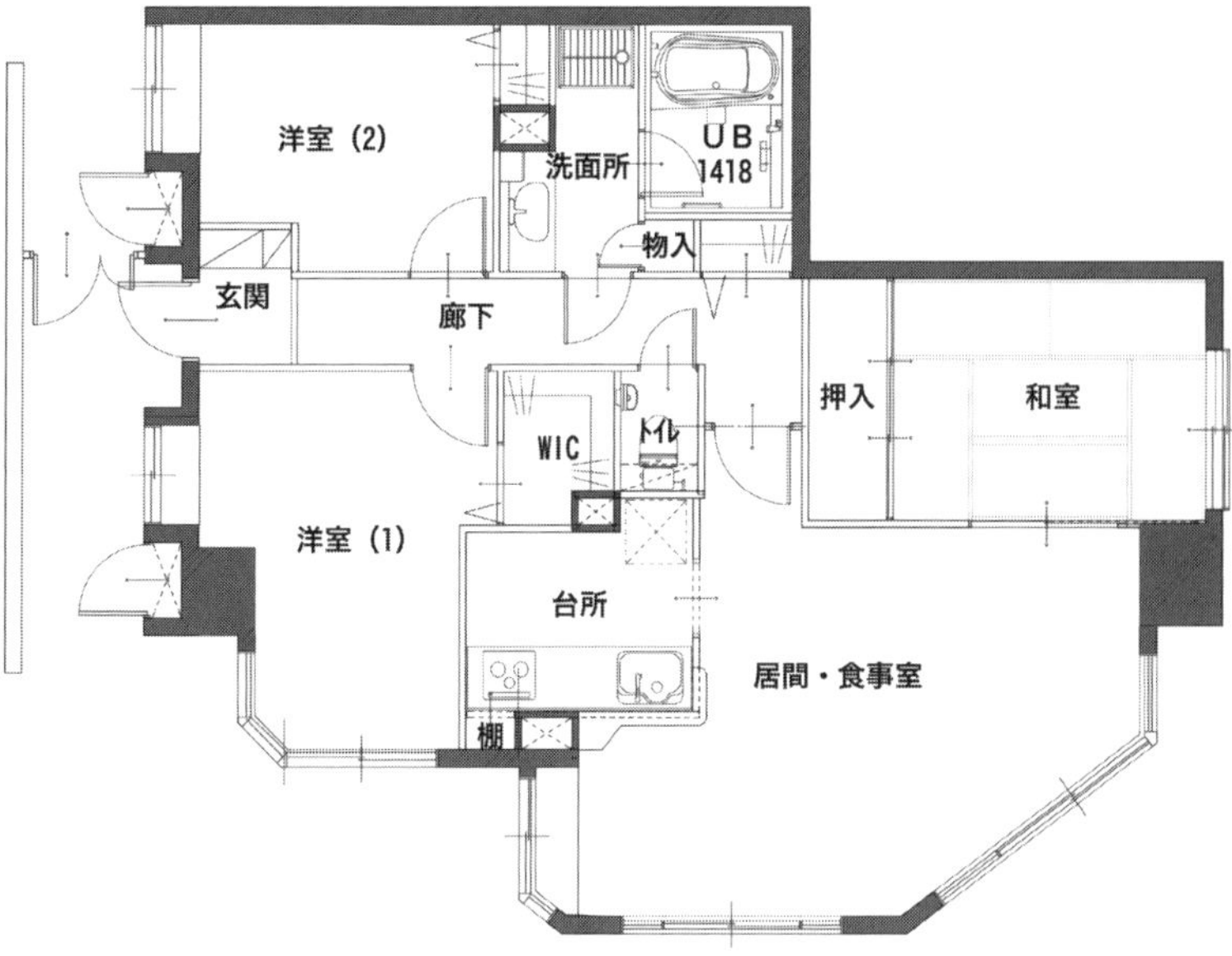

改装前

猫のトイレは水場の近くに

洋服や布団類は一カ所に集めて増やさないというルール

玄関を開ければ格子戸から覗く愛猫（飛び出し防止戸）

タオル・下着類も収納できるクローゼット。ペットの入浴もできる大き目シンクの採用

ちょっと広めの空間にいながらご夫婦それぞれ別作業でもぬくもり感を感じる動線計画

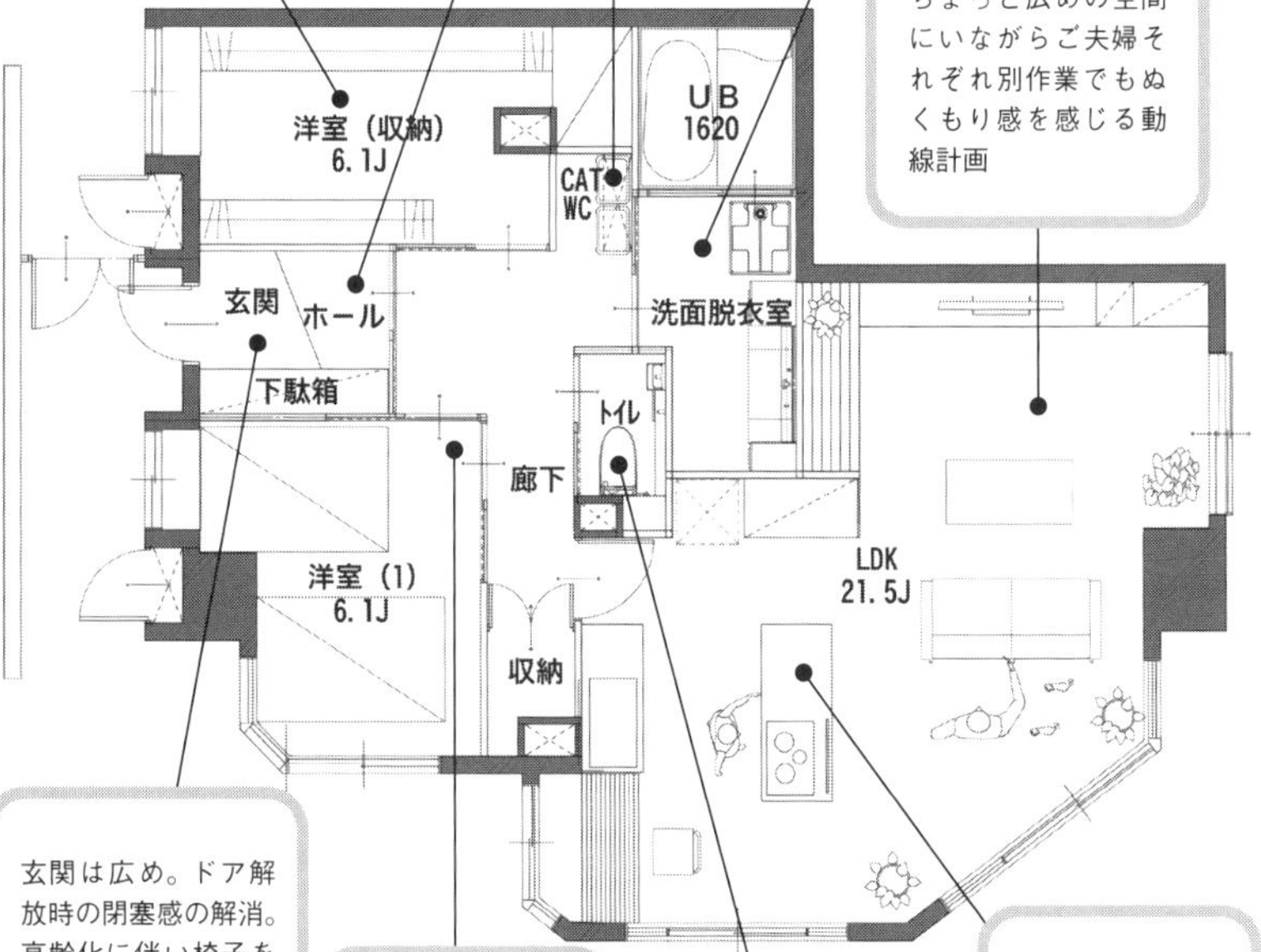

玄関は広め。ドア解放時の閉塞感の解消。高齢化に伴い椅子を置けるスペースを

お留守番でもお部屋の中を自由自在に探検できるように（引き戸の採用）

排水経路を考慮して二列型キッチンを採用しオープン動線の実現

夜中のトイレに備えて寝室の目の前に配置。照明は人感センサー機能で暗い中でも安全に

改装後

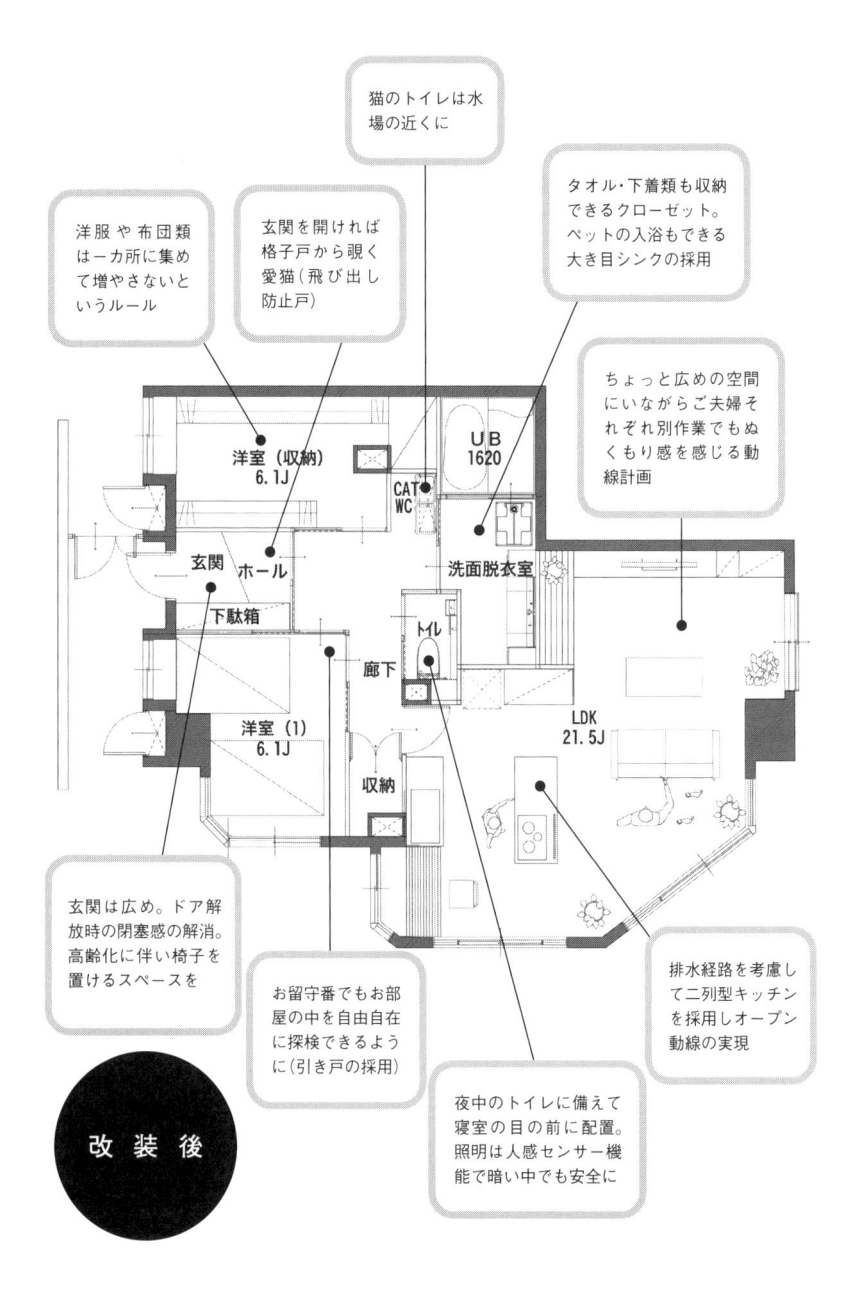

【猫も幸せな回遊型間取り】

築25年ほど経過した、異形間取りの３ＬＤＫに住むご夫婦と、元気印猫２匹の生活。窓面が広く日差しが降り注ぐ室内空間が魅力です。その一方、天井が低い上に輪をかけてがっちりと入ったコンクリートのむき出しの梁が、長年ご夫婦を圧迫感で悩ませていました。元気すぎる猫によって床や壁もボロボロだということもあり、閉鎖的な狭いキッチンや高齢化に向けて生活動線を見直したいというリフォームのご依頼でした。

ご提案させていただいたのは、解放感を残しながらの根本的な動線の見直しです。まず第一に、物を増やさないことを基本ルールとして、ゾーンごとに用途をしっかりと決めさせていただきました。収納の場所・就寝の場所・基本生活とくつろぎの場所という具合に、きちんと線引きをして、その範囲内で必要なものをレイアウトしていきます。

玄関・トイレ洗面脱衣室・浴室・キッチンスペースについては、高齢化を見越してできるだけ広い空間とすることで、介助者も安心できるようにと考えました。マンションの場合は、特に床の段差は注意したいところです。床下を走る配管を調査してバリアフリーを実現する方法を考えなければなりません。

大切な猫のために採用した玄関前の格子戸。主人の帰りを待つ猫の、飛び出し防止の役目を果たす重要なアイテムとなりました。猫の種類・胴体の大きさや頭の大きさなどをしっかりと測っておかないと、とっさにスルッとすり抜けてしまうこともあるので要注意です。室内空間も、猫にとってのストレスフリーを実現するために、できるだけ引き戸を採用して、ぐるりと遊び回れる動線を考えました。

もうひとつ動線でこだわったことは、帰宅してすぐに荷物やコートを置ける場所と手洗い・うがいが行える場所。玄関入って左側には収納のスペースを、正面には洗面脱衣室を配置しました。この動線が、今年こんなに注目されるとは思ってもみませんでしたが……。

そして広めのLDKでは、それぞれが好きなことをしていてもぬくもりを感じられる空間になるよう、各ゾーンの使い方にこだわりました。毎日運動会のようにますます元気に遊びまわる猫と、笑顔の絶えない幸せな時間を刻んでいるようです。

子供の自立と団欒が叶う間取り

家族構成　ご夫婦＋子供２人＋ペット

広さ　約130㎡

予算　1200万円

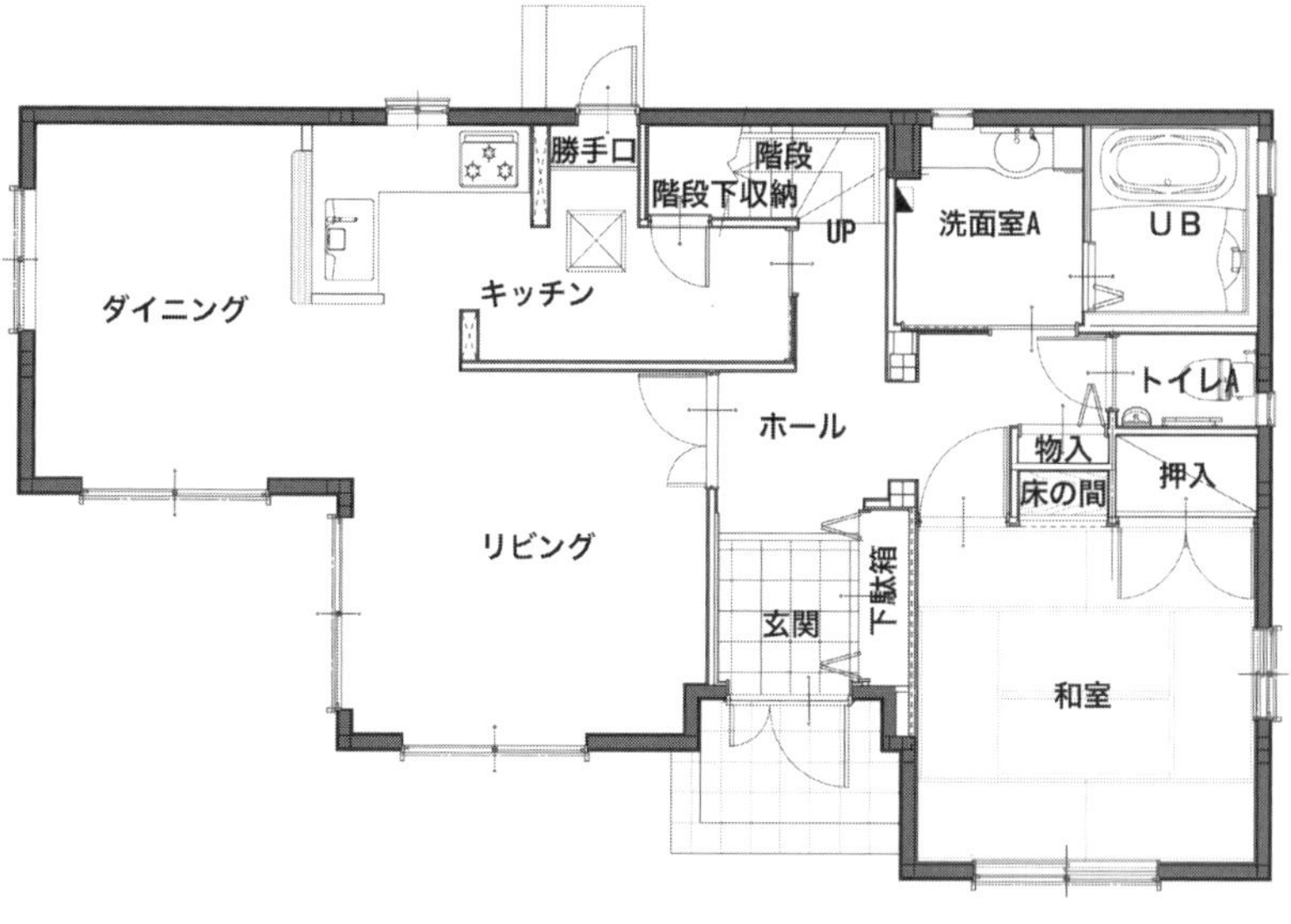

1F　改装前

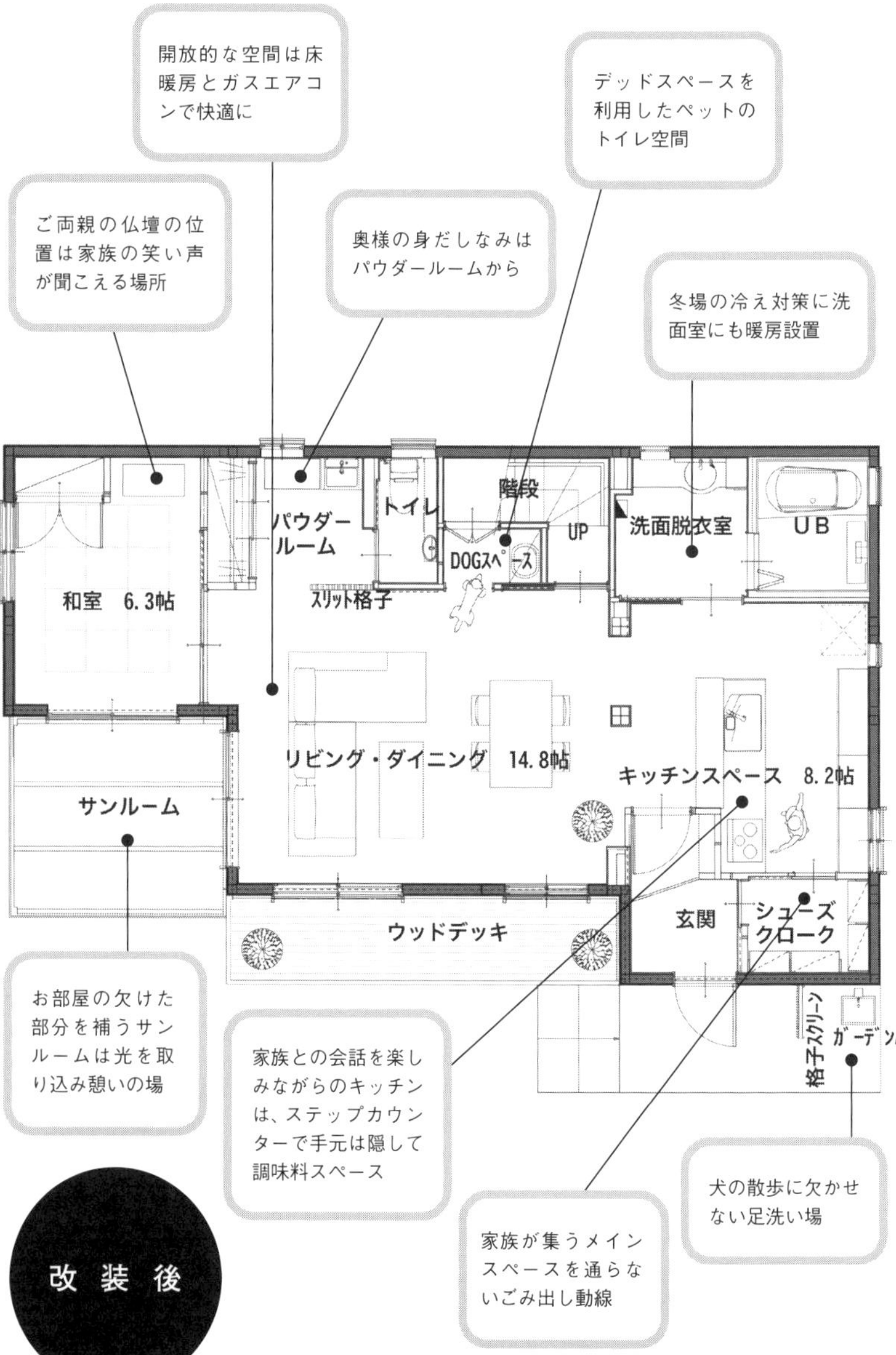

開放的な空間は床暖房とガスエアコンで快適に
デッドスペースを利用したペットのトイレ空間
ご両親の仏壇の位置は家族の笑い声が聞こえる場所
奥様の身だしなみはパウダールームから
冬場の冷え対策に洗面室にも暖房設置
階段
パウダールーム
トイレ
UP
洗面脱衣室
UB
DOGスペース
和室 6.3帖
スリット格子
リビング・ダイニング 14.8帖
キッチンスペース 8.2帖
サンルーム
ウッドデッキ
玄関
シューズクローク
格子スクリーン
ガーデンパン
お部屋の欠けた部分を補うサンルームは光を取り込み憩いの場
家族との会話を楽しみながらのキッチンは、ステップカウンターで手元は隠して調味料スペース
犬の散歩に欠かせない足洗い場
家族が集うメインスペースを通らないごみ出し動線

改装後

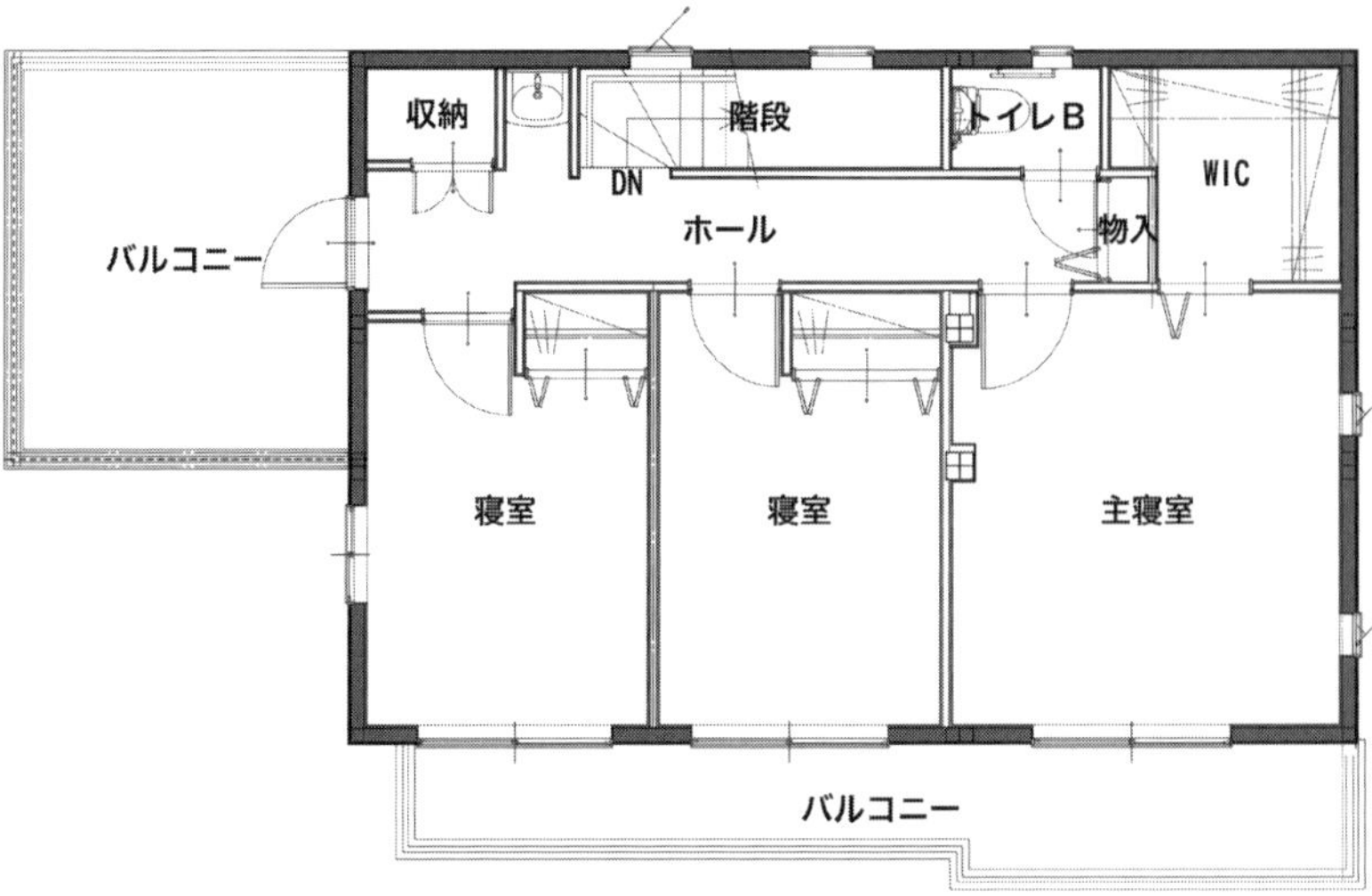

2F

改装前

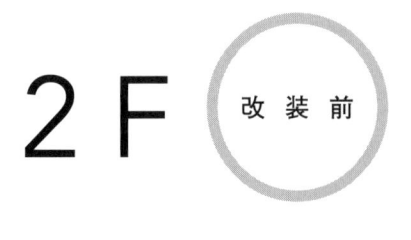

既存の窓が小さく暗いため廊下に面した明かり取り窓を設置
子供の自立を考えての個室作りは子供の希望を取り入れて
収納
階段
DN
トイレB
バルコニー
ホール2
洋室4　5.2帖
洋室1
洋室2
洋室3　6.3帖
バルコニー
書斎兼スタディルームは多目的にリモートワークにも使えます
ちょっとしたデッドスペースも有効活用すれば立派な本棚に
ご夫婦の就寝空間は無駄な家具を置かずシンプルに

改装後

【子供の自立と団欒が叶う間取り】

建物の真ん中にある玄関が室内空間を分断してしまい、間取りの自由度がないこと。冬場の冷気がものすごく感じられ、特に和室には寒くていられないこと。そんなご相談から、リフォームの打ち合わせが始まりました。

建物自体は、某ハウスメーカーが建築したもので、築年数も十数年と比較的新しいのですが、とにかく寒いと、ご家族の訴えが強くありました。打ち合わせの結果、床と壁の断熱工事を施す運びになりました。

それに加えて、オープンな空間は床暖房とガス式エアコンを採用し、さらに全窓には内窓を設置して、冷気をシャットアウト。内窓は、結露や断熱、防音対策として優れた性能を発揮しますが、取付場所の環境によって、ガラスにはこだわっていただきたいところです。適切なガラスを組み込んだ内窓は、外気温との差は2°〜3°にもなるすぐれもの。

間取りについては、家族団欒スペースの確保のために、思い切って玄関位置を移動。その結果、中心位置にリビングが配置され、団欒の輪に参加しながらのクッキングタイムが可能となりました。これは奥様の長年の夢。今まで、いつも孤独だった奥様も大喜びです。

お留守番が多い愛犬のためにも、広く歩き回れる動線を取り入れ、建物の欠けとなっていた部分には、エネルギーの循環を図ってサンルームを取り付けしました。洗面室とは別にパウダールームを設けたのは、女子3人のおしゃれタイムが重なってもイライラが募らないように。2階については、成長した子供の自立を目的に、一部の壁を取り壊して各自が自分のスペースを確保できる空間を造りました。

こうして、子供の成長を喜びながらも、巣立っていく前の残された時間に家族との思い出がたくさん生まれる家になりました。団欒の輪の片隅で、お仏壇に祀られた亡きご両親もきっと微笑んでいることでしょう。

程よい距離感が心地よい二世帯住宅

家族構成　母＋息子家族４人

広さ　100㎡全面改装

予算　1000万円

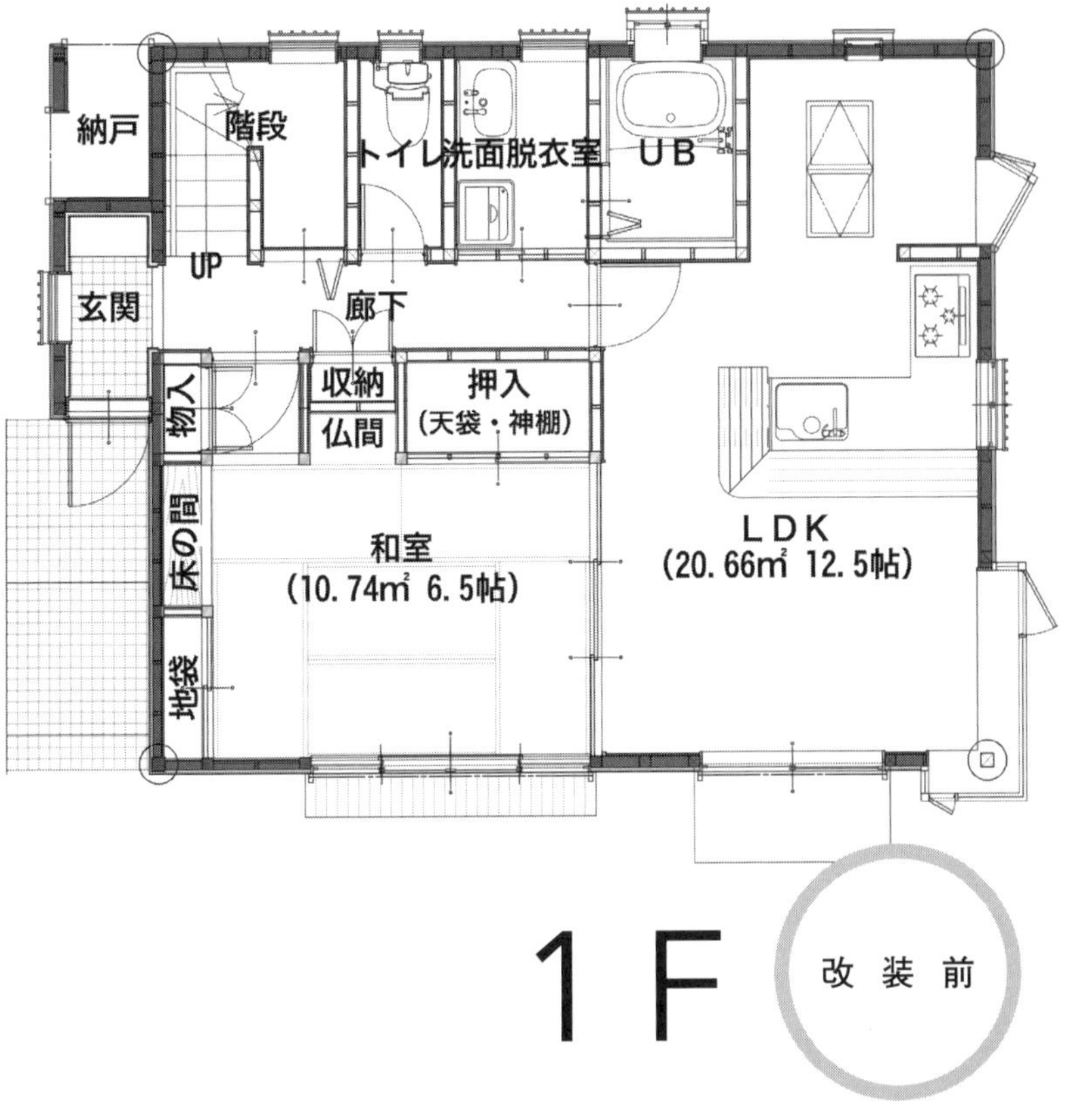

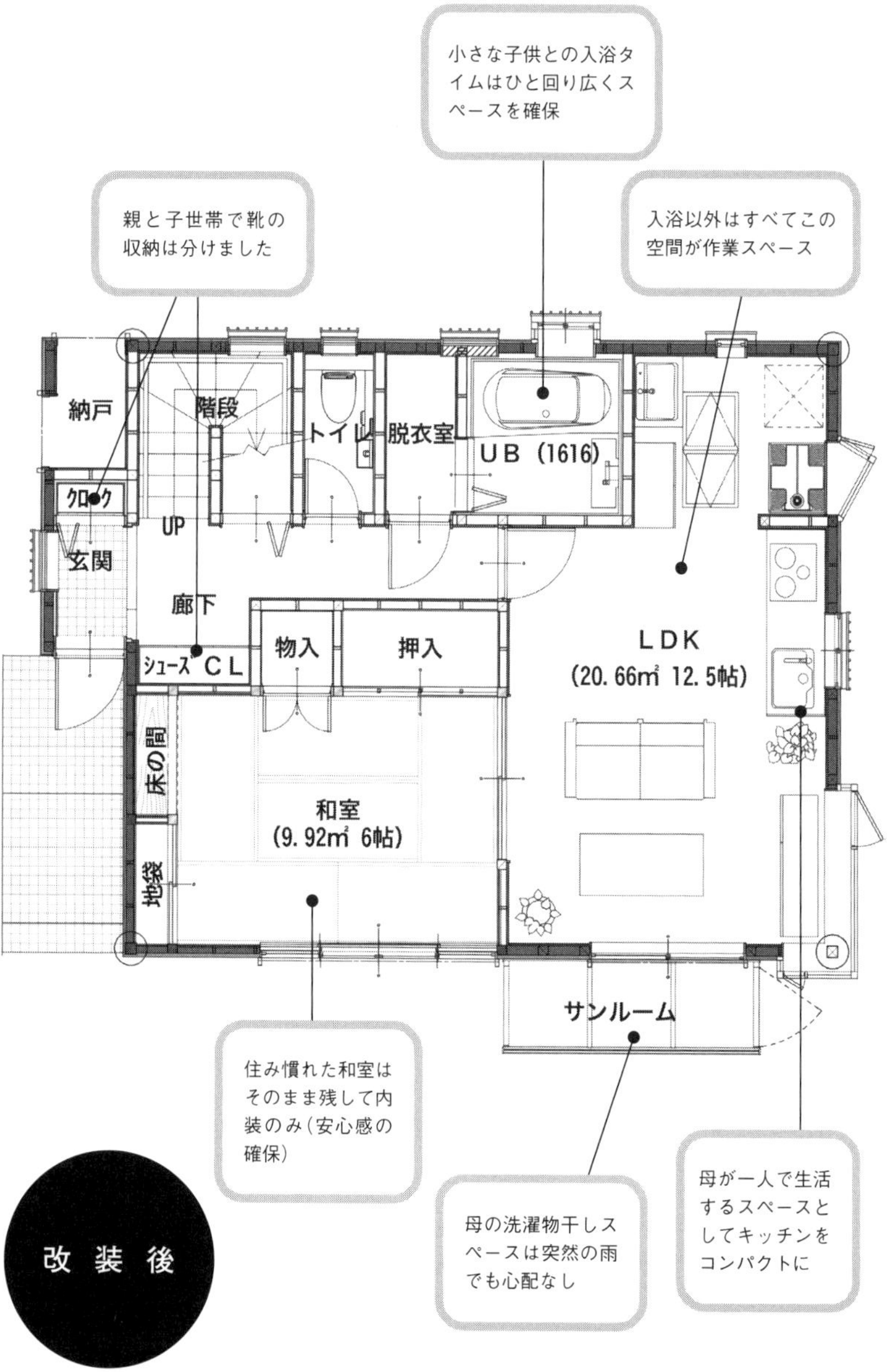
小さな子供との入浴タイムはひと回り広くスペースを確保
親と子世帯で靴の収納は分けました
入浴以外はすべてこの空間が作業スペース
納戸
階段
トイレ
脱衣室
UB (1616)
クローク
UP
玄関
廊下
シューズCL
物入
押入
LDK
(20.66㎡ 12.5帖)
床の間
和室
(9.92㎡ 6帖)
地袋
サンルーム
住み慣れた和室はそのまま残して内装のみ(安心感の確保)
改装後
母の洗濯物干しスペースは突然の雨でも心配なし
母が一人で生活するスペースとしてキッチンをコンパクトに

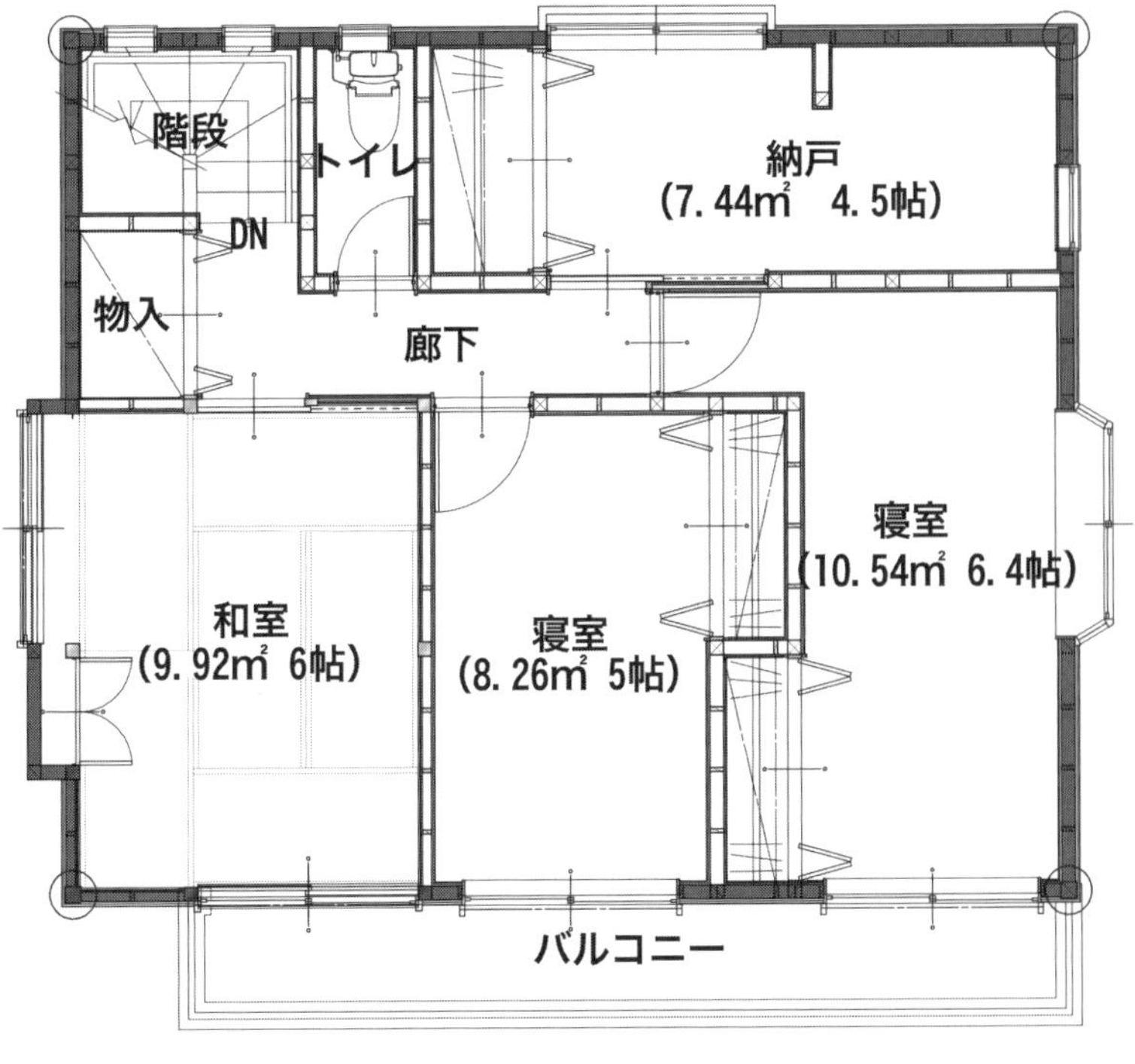
階段
トイレ
納戸
(7.44m² 4.5帖)
DN
物入
廊下
寝室
(10.54m² 6.4帖)
和室
(9.92m² 6帖)
寝室
(8.26m² 5帖)
バルコニー

2F

改装前

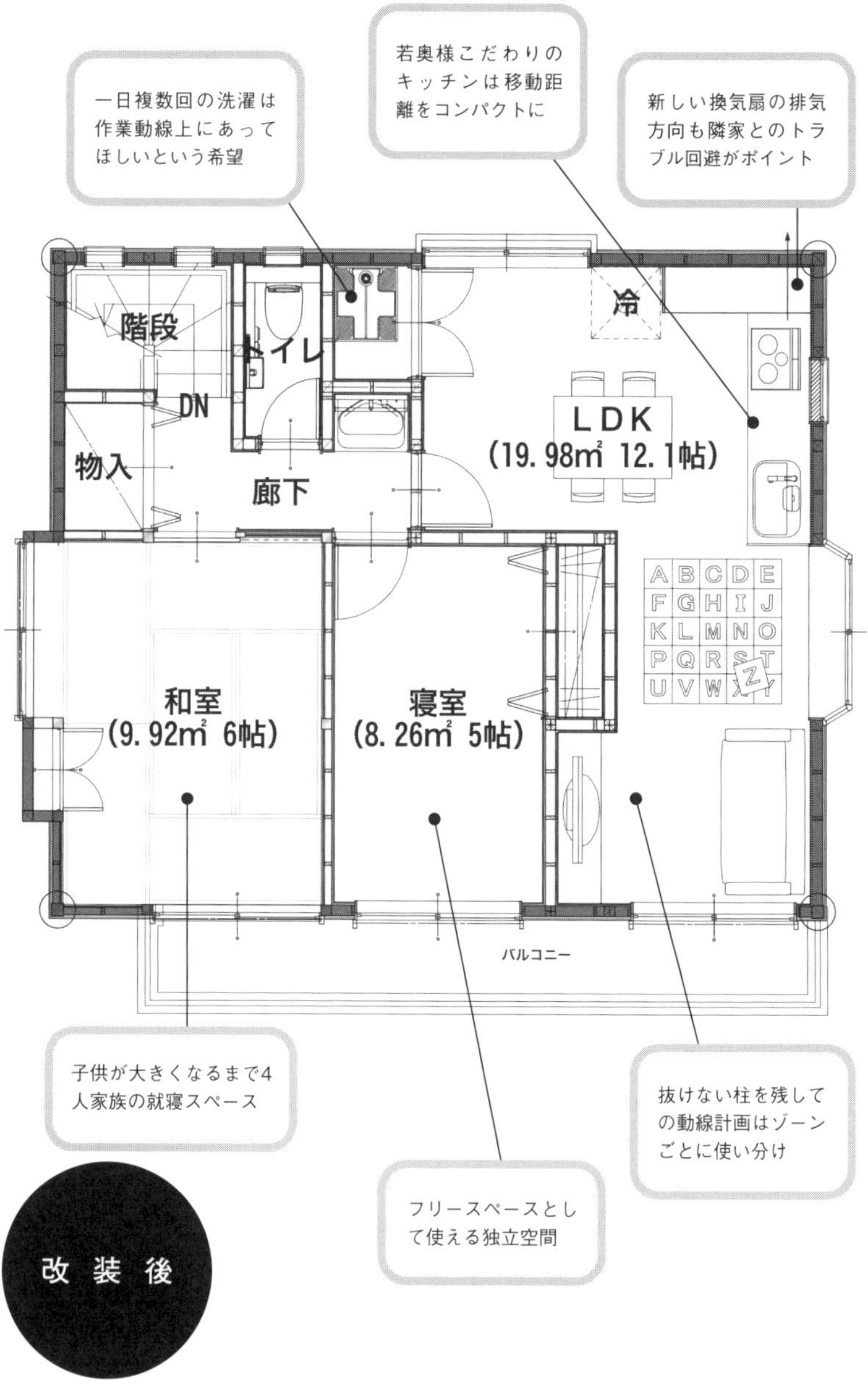
一日複数回の洗濯は作業動線上にあってほしいという希望
若奥様こだわりのキッチンは移動距離をコンパクトに
新しい換気扇の排気方向も隣家とのトラブル回避がポイント
階段
トイレ
冷
DN
物入
廊下
LDK
(19.98㎡ 12.1帖)
和室
(9.92㎡ 6帖)
寝室
(8.26㎡ 5帖)
バルコニー
子供が大きくなるまで4人家族の就寝スペース
抜けない柱を残しての動線計画はゾーンごとに使い分け
フリースペースとして使える独立空間
改装後

【程よい距離感が心地よい二世帯住宅】

新しい家族が増えたことをきっかけに家族の未来を考えた結果、亡きご主人の残してくれた大切な我が家を、二世帯仕様にできないかというご相談。絶対条件は、ローンを組める範囲でのご予算と、駐車スペースの確保です。

合計3台分のスペースを確保するためには庭のスペースを削ることになるのですが、そこには高低差という壁。大きな造成工事には費用がかかり、残った予算でどこまでの工事ができるかがポイントでした。図面を見ながら、現地を確認しての作業を繰り返し行いました。

2階の間取り変更では、抜いたら危険な柱が中心にあり、すでに歪みが発生していたので動線計画は難航。お客様のご理解もあり、なんとか実現の方向へと風向きが変わったのですが、またしても難問がやってきました。なかなかいい返事をもらえない銀行とのやりとりが始まったのです。工事内容の説明や金額の説明を繰り返し、なんとか粘りました。

ここまでくると、お客様と私たち業者は、ともに戦う同志のようになっていました。いざ工事に入ると、長年お手入れをしていなかった外壁からの雨漏りや、床の傾斜など、次々と問題があらわに。リフォームの場合、壊してみないとわからないことがたくさんあるのです。予想はしていても程度までは確定できないのがリフォームの難しさです。

ここからは、ひとつひとつ丁寧に解決していくしかありません。工程通りに進めたいのですが、突発的事態にはなんといってもお客様のご理解が必要なのです。壁を開ければぐちゃぐちゃの配線や、配管からの水漏れなんていう事態も発生します。

お母様と、息子さんご夫婦と2人のお子さんのこのご家族は、できるだけ気を使わずに程よい距離感を保ちながら、共に小さな子供を育てていくというのが希望のスタイル。それが実現したポイントは、リフォームをすると決めた時に、きちんと家族間で話し合いを持ったことだと感じています。ご家族全員が同じ方向を向いていないと、その後のトラブルに繋がりますから。

動線重視の共働き世帯にうれしい間取り

家族構成　共働きご夫婦

広さ　約62㎡

予算　800万円

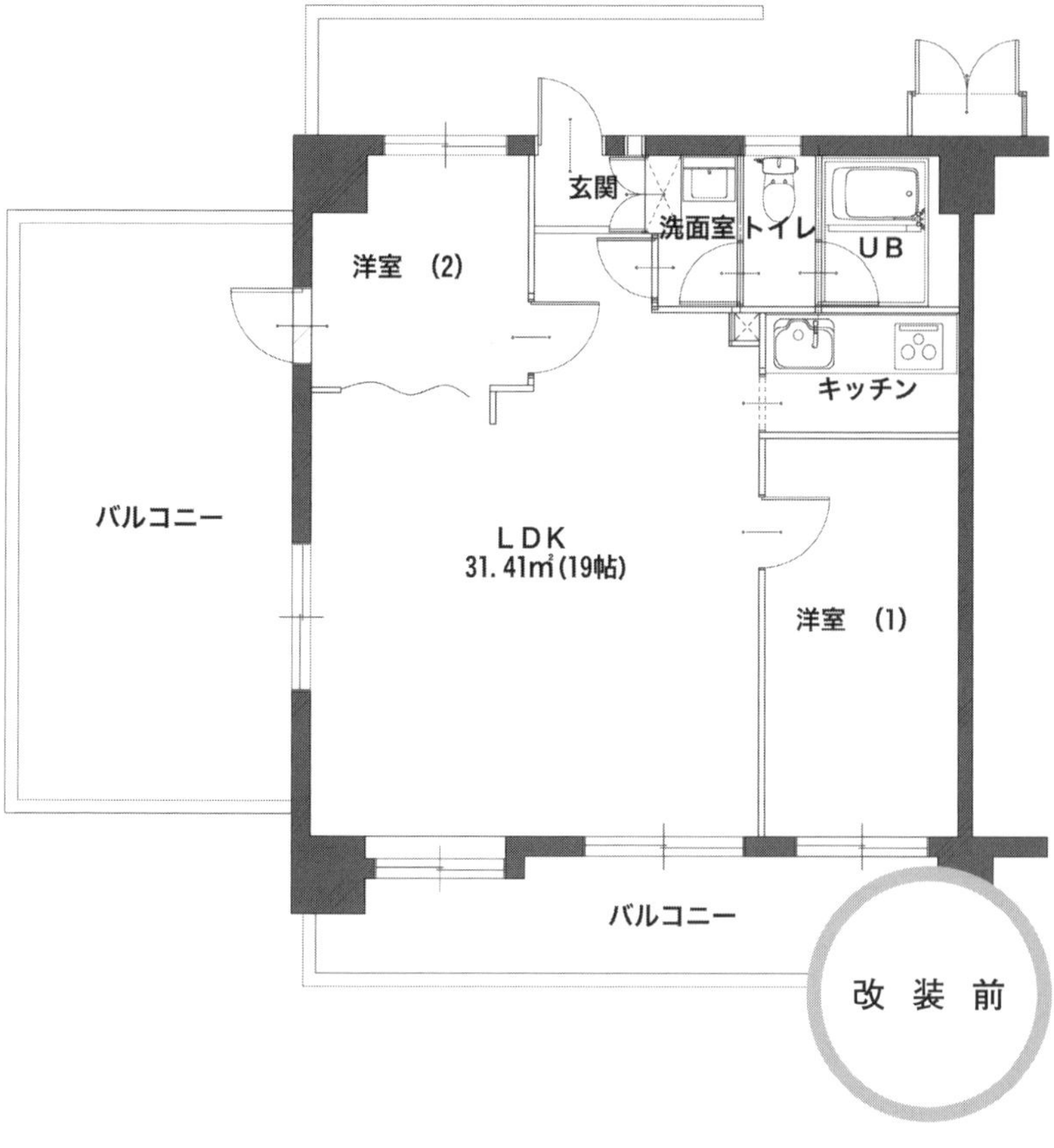

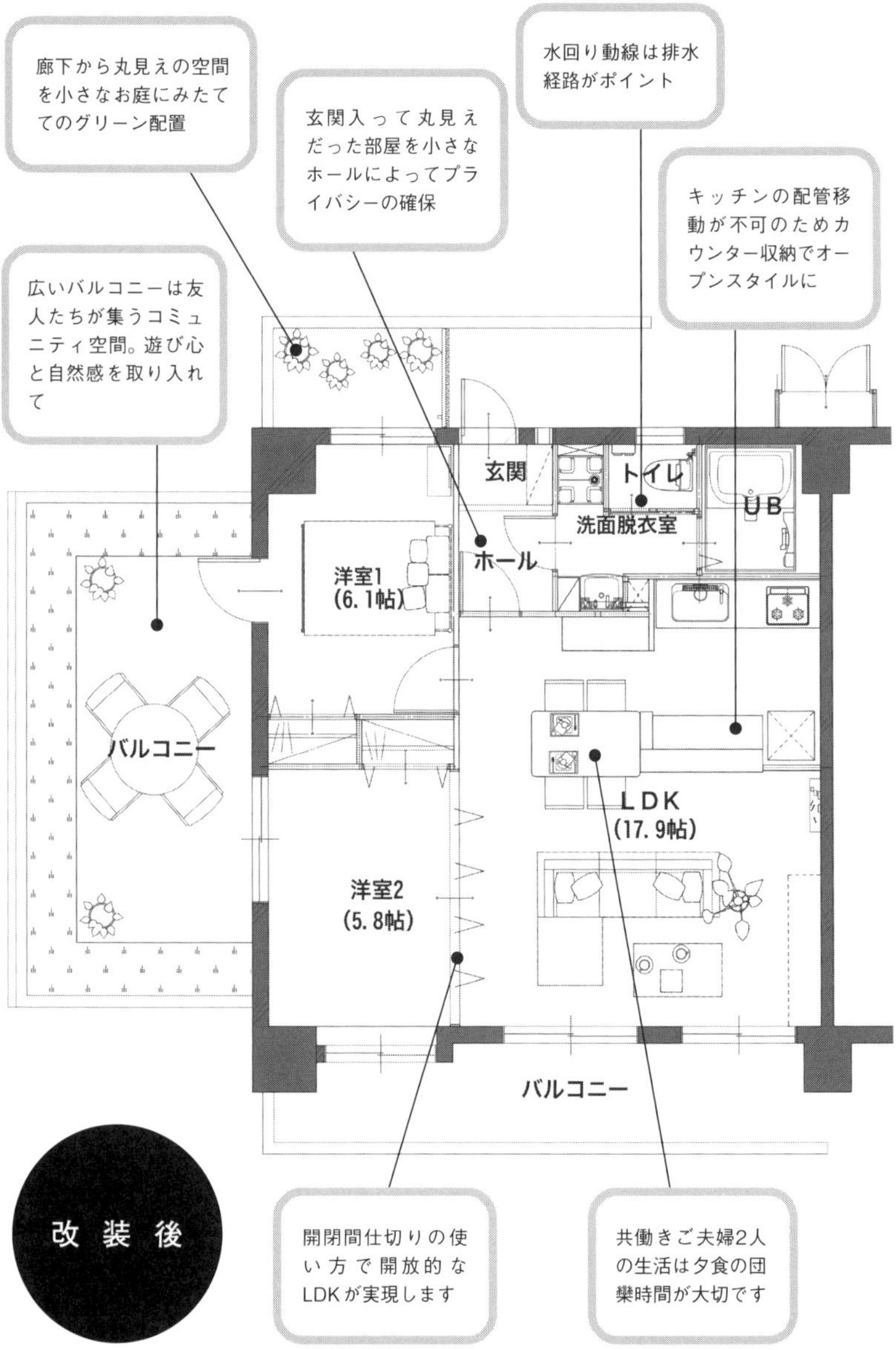
改装後
廊下から丸見えの空間を小さなお庭にみたててのグリーン配置
玄関入って丸見えだった部屋を小さなホールによってプライバシーの確保
水回り動線は排水経路がポイント
キッチンの配管移動が不可のためカウンター収納でオープンスタイルに
広いバルコニーは友人たちが集うコミュニティ空間。遊び心と自然感を取り入れて
玄関
トイレ
UB
洗面脱衣室
ホール
洋室1
(6.1帖)
バルコニー
LDK
(17.9帖)
洋室2
(5.8帖)
バルコニー
開閉間仕切りの使い方で開放的なLDKが実現します
共働きご夫婦2人の生活は夕食の団欒時間が大切です

【動線重視の共働き世帯にうれしい間取り】

中古マンションを購入して、新しい生活を始めたいという共働きのご夫婦からの相談でした。まだお若いお二人は、忙しい日常を過ごされていて、唯一のお二人の時間は夕食の時。いかにその時間を充実させられるかに重点を置いて設計します。

こちらのマンションは、築30年以上経過しており、配管も自由に変えられないという仕様になっていました。そんな条件の中で、どれだけ今風のスタイルで、家事動線を叶えるのかがポイントでした。

お部屋空間を広くとりたいというご要望があり、検討した結果、キッチン以外の水回りはなるべくコンパクトにかつ、作業性を重視することに。キッチンの配管も移動が困難なことから、オープンスタイルのキッチンを可能にするため、カウンタースタイルの収納をダイニングとつなげることで実現しました。

目線は低く、上部の収納は設置しないで、照明演出でグレードアップを狙いました。くつろぎの空間は、可変性を持たせて、シチュエーションごとにお部屋を広げるという開閉間仕切りを採用することで、大人数のパーティーを楽しめます。その空間の延長には、かなり広いバルコニーがあり、自然感を演出する樹木やデッキ・芝生・ガーデンファニチュアの配置により、遊び心満載の癒し空間を造りました。都心の中のマンションでありながら、自然を感じることができるこのマンションの最も売りの部分を、より豪華により快適にあしらったのです。休日には、外の空気とグリーンに包まれブランチタイムを楽しんでいるようです。こぢんまりとした室内も、外とのつながりを考えて、広さ以上の快適さが実現したと喜んでいただいております。

中古のマンションも、どんな暮らし方を望んでいるかによって、間取りの造り方は変わります。広さと金額だけでは決められないので、しっかりとイメージすることが大切です。外の環境や景色をうまく生かしながら行うリフォームは、これからの時代には重要なポイントとなるのではないかと思います。

レトロを生かした賃貸マンション

家族構成　20～30代

広さ　40㎡

予算　400万円

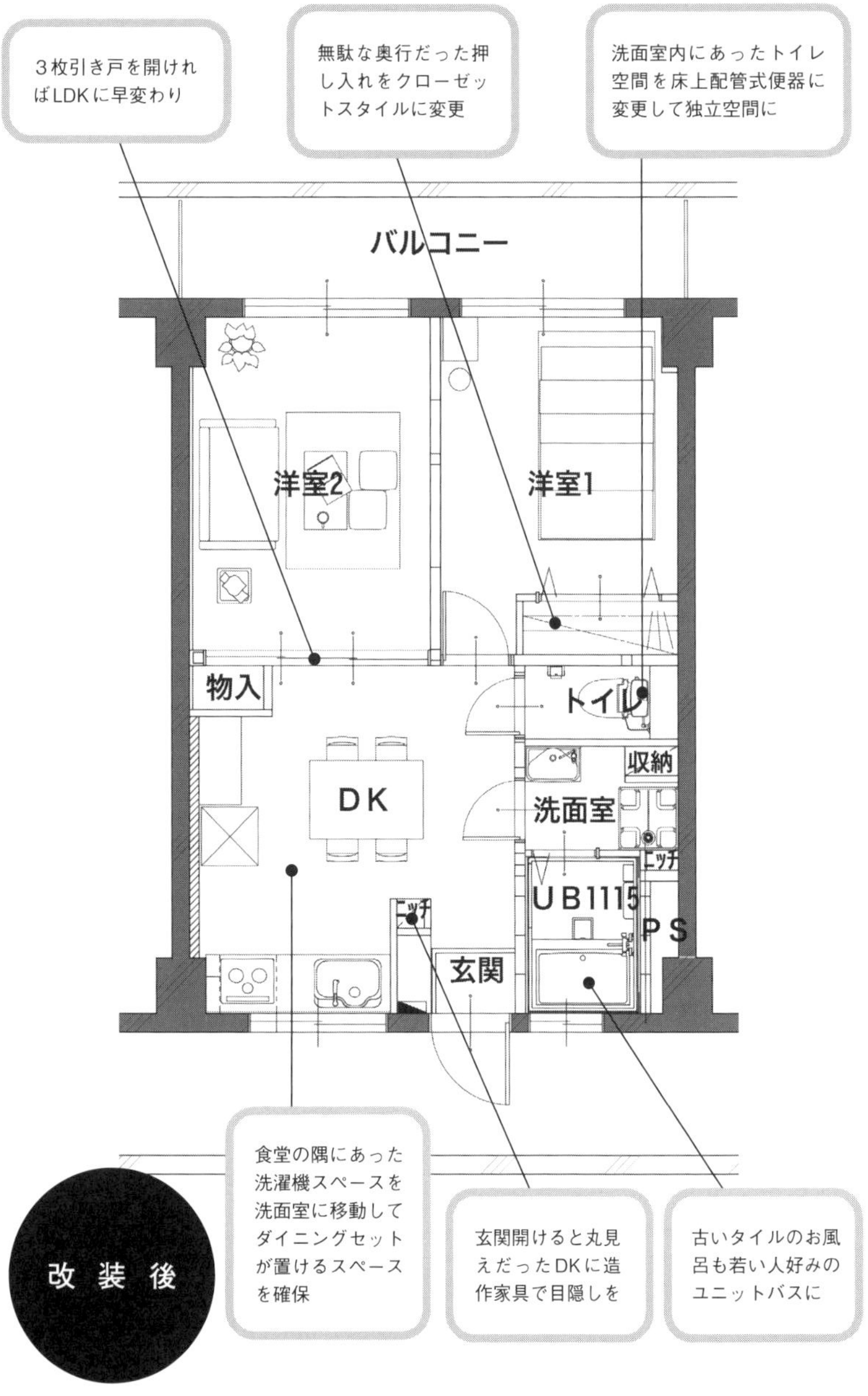
3枚引き戸を開ければLDKに早変わり
無駄な奥行だった押し入れをクローゼットスタイルに変更
洗面室内にあったトイレ空間を床上配管式便器に変更して独立空間に
バルコニー
洋室2
洋室1
物入
トイレ
収納
DK
洗面室
ニッチ
UB1115
PS
ニッチ
玄関
食堂の隅にあった洗濯機スペースを洗面室に移動してダイニングセットが置けるスペースを確保
改装後
玄関開けると丸見えだったDKに造作家具で目隠しを
古いタイルのお風呂も若い人好みのユニットバスに

【レトロを生かした賃貸マンション】

賃貸マンションのオーナー様からのご依頼で、築35年のマンションを若い人が好みそうなデザインにリフォームし、空室対策することに。

このマンションは、賃貸数は25件というオーナー型マンションです。過去に担当したリフォーム業者ではアレンジが乏しく、25件すべてを同じ造りで仕上げてしまったことの後悔があったとのこと。渋谷までほど近い立地で若者にも人気のエリアだけに、築年数が古いという理由で空室になることへの恐怖感があるようでした。

お話をいただいてから、すでに同マンションで20件以上のリフォームをご提案し採用していただきました。どのお部屋も、すべての間取りと内装に斬新さとアレンジを加えてのご提案。毎回、決まった予算の中で何ができるか、どんな感動を実現できるかが勝負です。賃貸の場合、やはり玄関を開けての10秒が大切で、その第一印象がいいか悪いかで決まってしまいます。

設備機器については、安価ではあるけれどもおしゃれなものを、仕上げる内装材についてはよりトレンド感がある斬新なものを。毎回、コンセプトをオーナー様と相談をして決定しているのです。

古さという点については、どうしても限界があるものです。そこは、「レトロ」という風合いを出しながら試行錯誤しているのです。このお部屋は、どうしてもトイレ空間を独立させたいという願いから、床上配管用便器というものを採用し、また汚水の流れる勾配を計算しての移動となりました。

最近では、お友達同士のシェアというのも流行しているようです。それに伴って、新しい賃貸物件では数が少ない2DKというスタイルが人気復活しているのです。

近頃ではデザインと斬新さが人気となり、満室状態が続いています。不動産業者の方にも人気があり、工事中から内覧に訪れている様子。お金を生むスペースをどう魅力的に見せることができるのか？ 一般のリフォームとは少し違ったアイデアが試されます。

メリハリで印象の変わるリフォーム

家族構成　夫婦

広さ　85㎡

予算　650万円

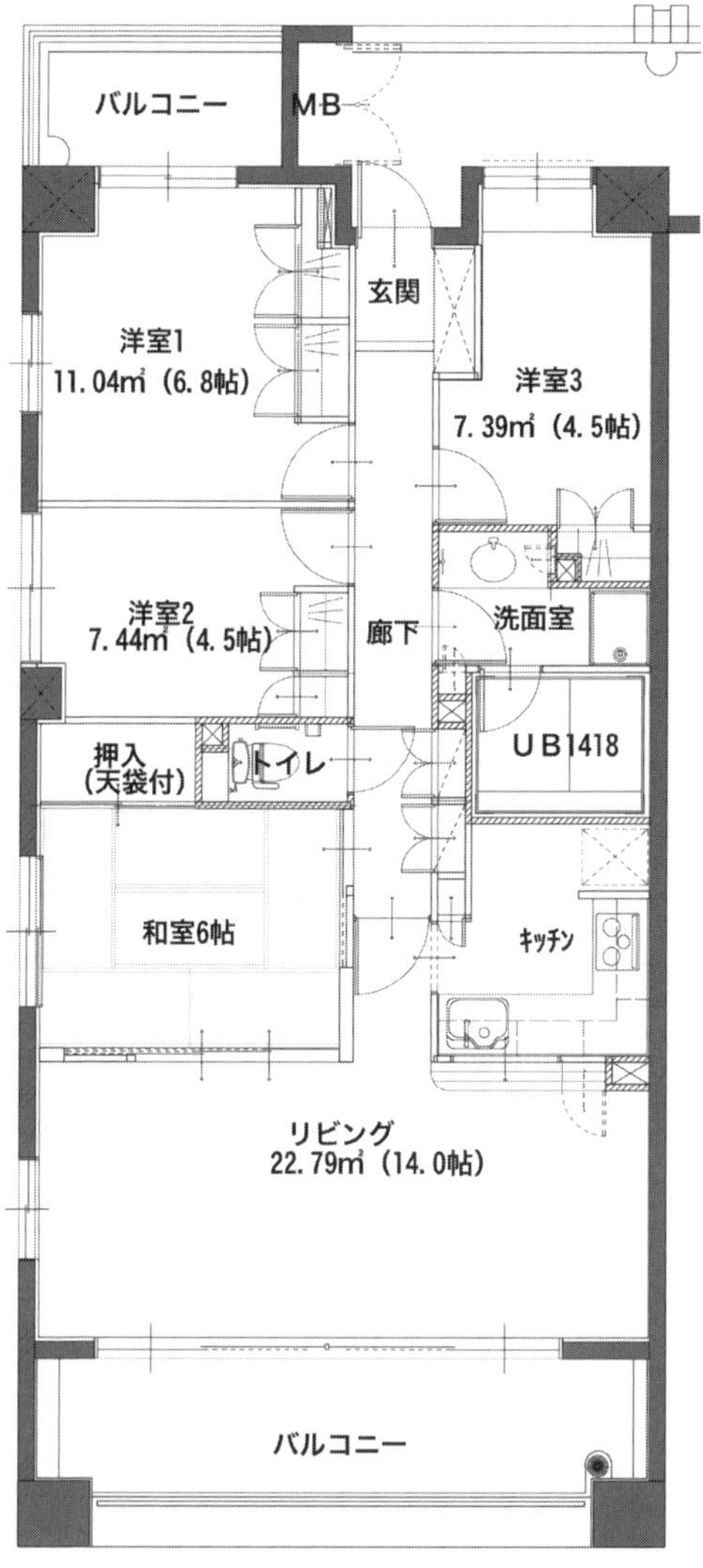

改装前

箱型収納家具だったスペースを自在型クローゼットに

水回りはレイアウトを変えずに機器類の交換にとどめました

子供が誕生するまでは予備室として多目的に使用

上部は畳コーナーから下部は洋室2からの収納場所

使いづらさが気になっていたL型キッチンをすっきりとI型とハイカウンターでこだわりの場所に

どうしても叶えたかった和の空間。掘座卓を設置してぬくもりを

LDKの照明計画は配線ダクトを設置して季節ごとに照明遊びが行えるアイデア

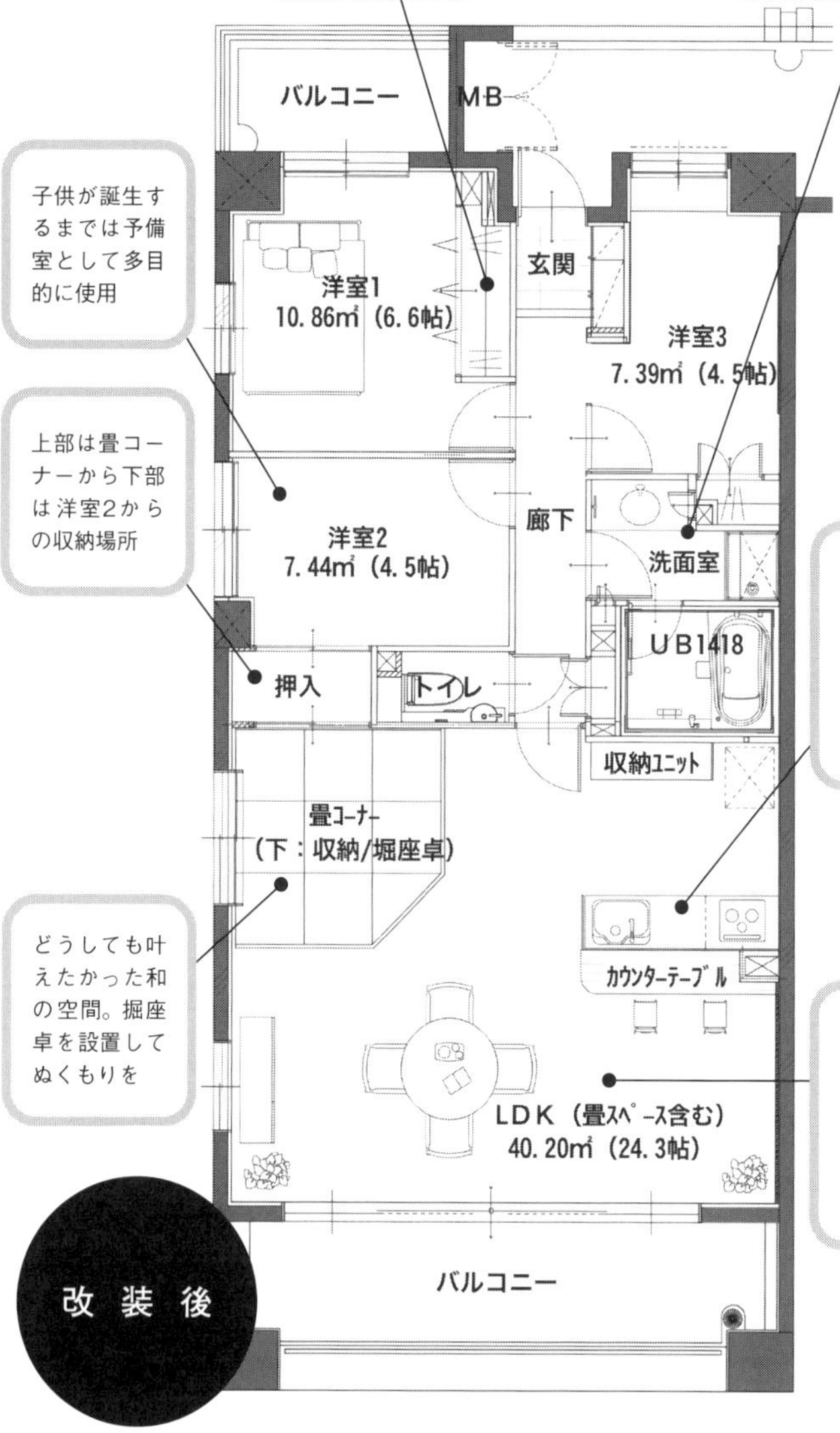

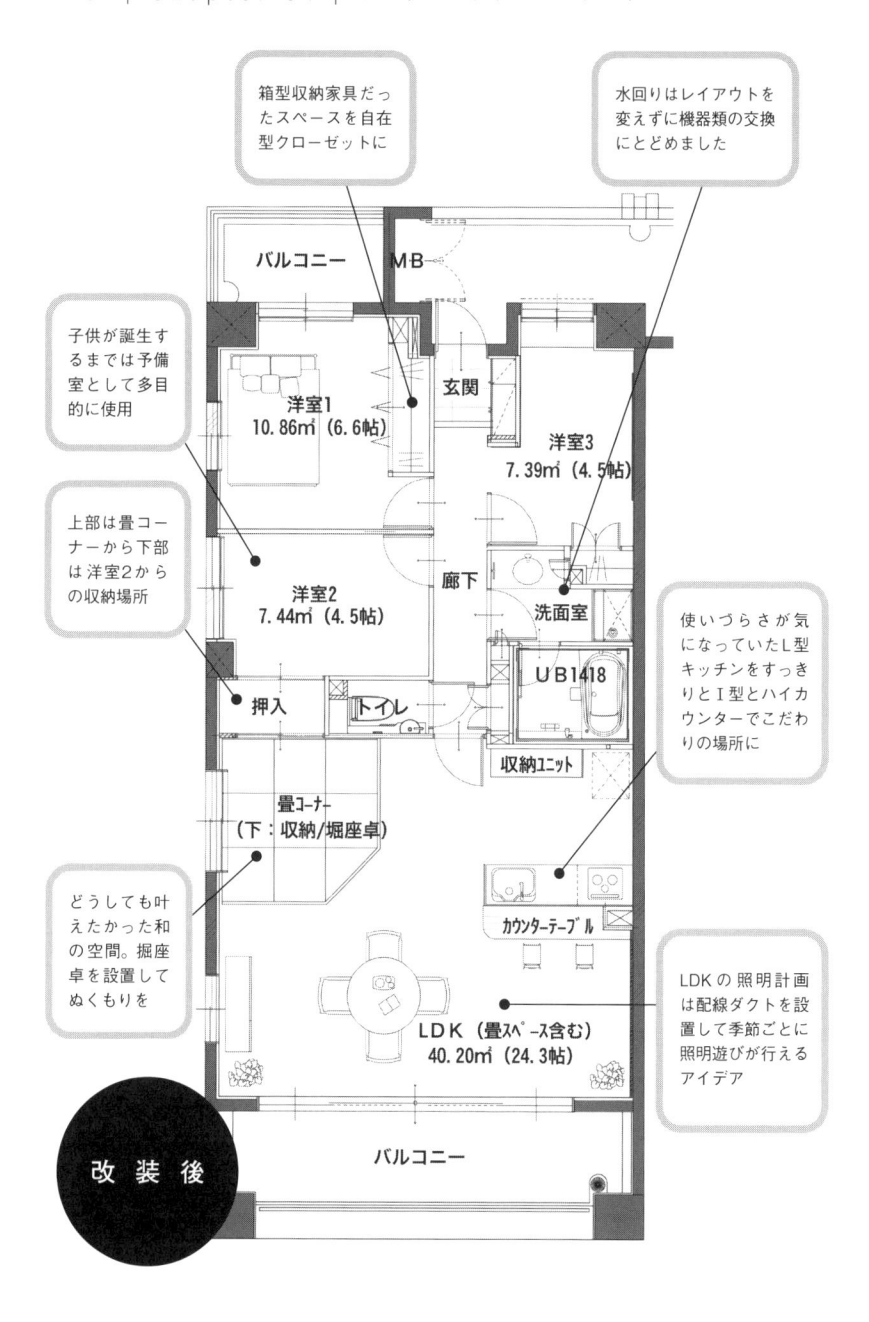

【メリハリで印象の変わるリフォーム】

結婚したばかりのご夫婦が、ご両親から譲り受けた築20年のマンションを自分たちスタイルに改装したいというご依頼でした。20代という若さのため、費用については親負担。限度額も教えていただき、優先順位を決めました。

第一に、開放的なリビングと和との共存。第二に、すべての設備を交換。残りの予算で内装を変えるという順番で決まり、そこからリフォーム計画の設計が始まりました。

一番のこだわりであるリビングはすっきりとI型キッチンを採用し、忙しい朝食はハイカウンターで召し上がっていただくことに。和のスペースとして取り入れたのは、一段上がった堀座卓付畳コーナーです。約40センチ上がった内部は、収納として活用します。リビングはなんといっても照明計画が大切と考え、配線ダクトを天井に走らせてみました。スポットでも良し、垂れ下がったペンダントライトでも良し、思いのまま季節ごとに照明と明かりで遊べる空間としました。

設備の交換は、グレードよりも機能性重視で金額を抑えて、収納内のアレンジ費用にまわしました。これから家族が増えるお二人にとって、収納計画は大切であると判断したからです。使い勝手を奥様と打ち合わせ、身長から割り出したパイプや棚の高さまで細かく決めさせていただきました。

その他にも、使う家電や生活動線を考えながらコンセントやスイッチの配置も決めます。リフォームの際、最も失敗する可能性が高いのが電気の配線計画なのです。欲しい位置になければ、タコ足配線となってしまい危険です。スイッチの高さやインターホンの高さも、間違ってしまうと使いづらいというストレスに繋がります。

内装は好みの色や質感にこだわり、お部屋ごとにかなり斬新な色使いをしました。お部屋に入った瞬間にわかる、すべてが一新した空間。金額に応じてメリハリをつけた方法で、まるで新築のマンションに蘇ったようでした。

大きな間取り変更は行わず、使えるものは上手に残し、こだわりある空間は大胆にリニューアルするという方法をとって、限られたご予算内で希望が実現しました。

ホテルライクな賃貸マンション

広さ 35㎡

予算 500万円

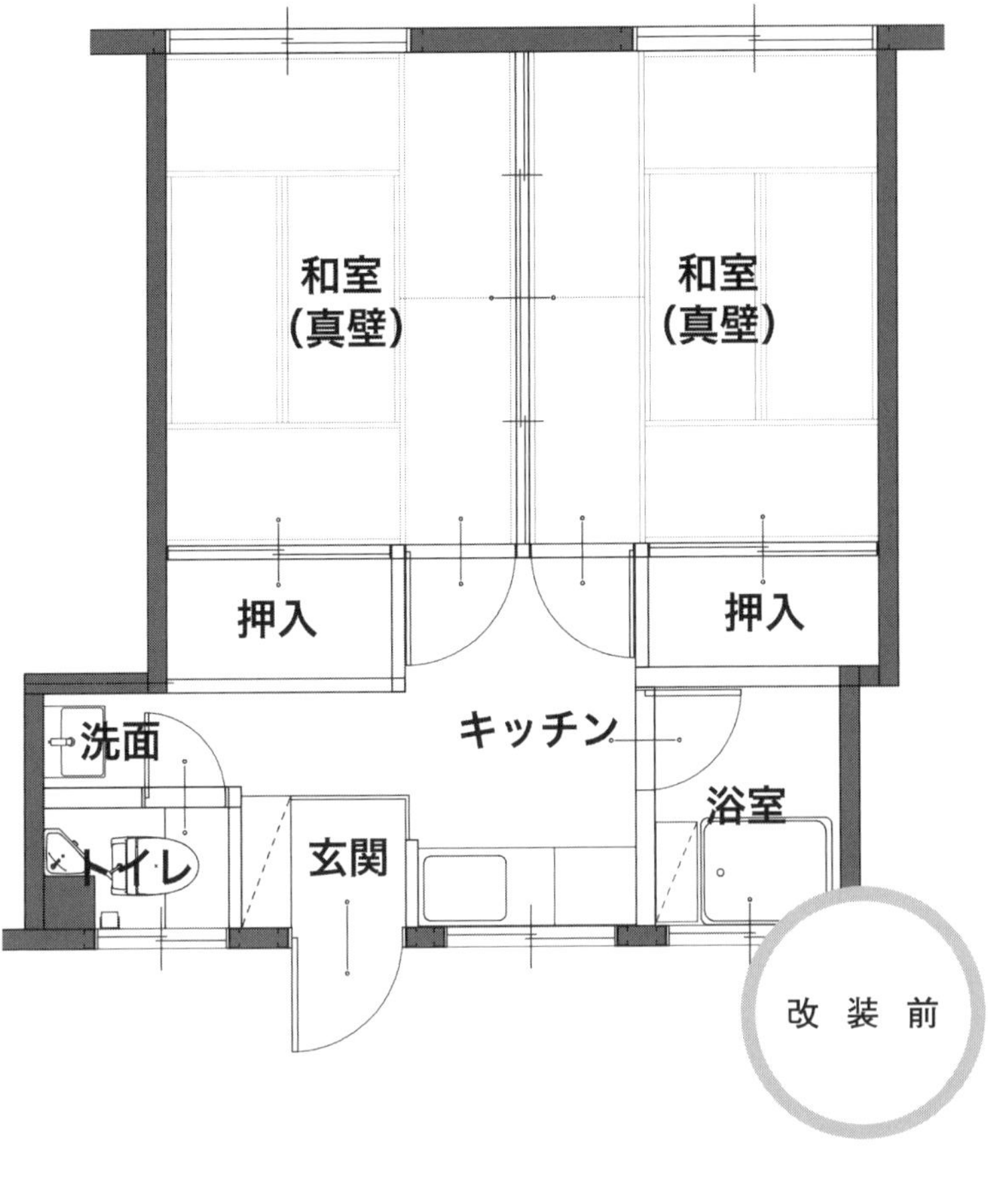

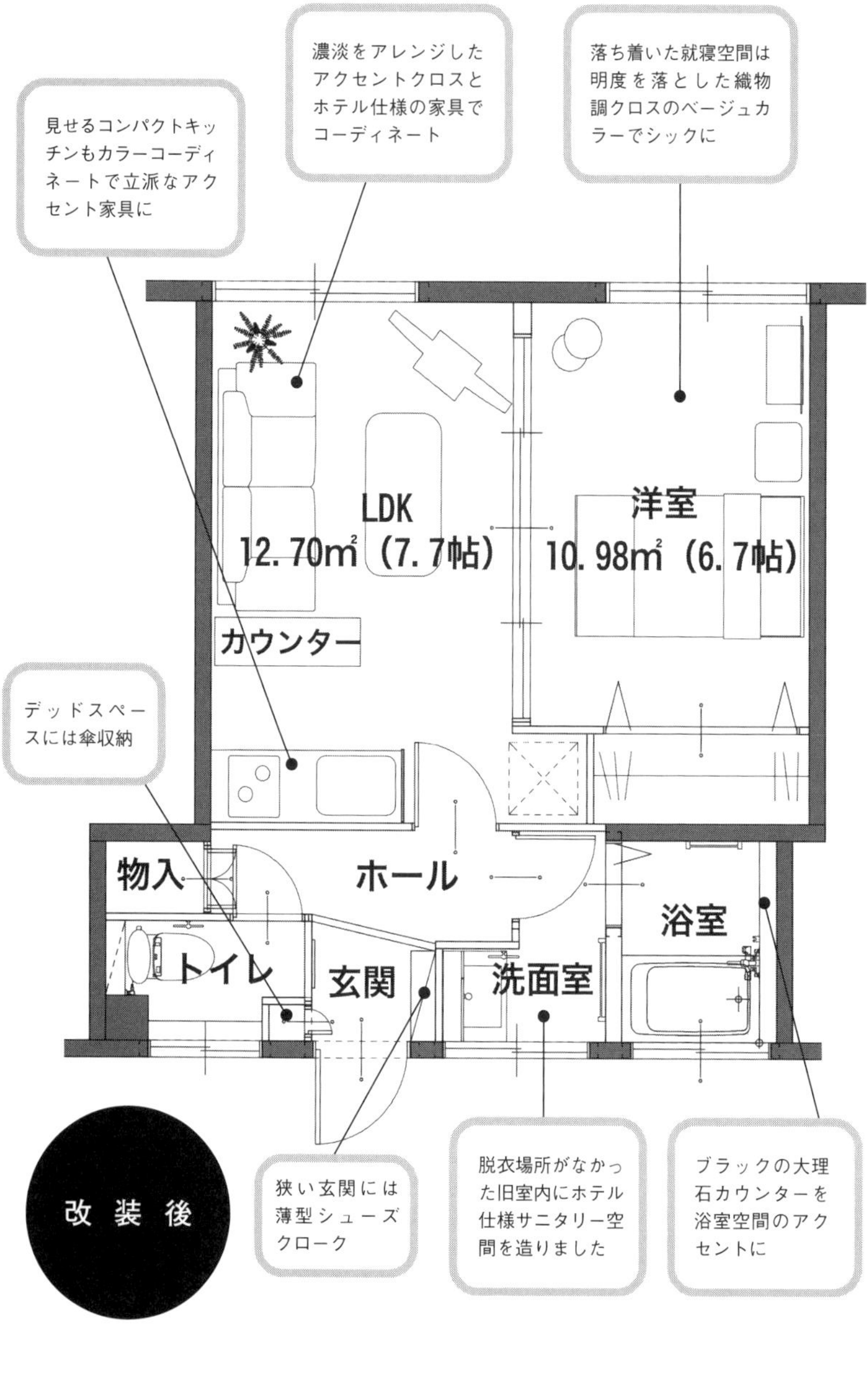
改装後
見せるコンパクトキッチンもカラーコーディネートで立派なアクセント家具に
濃淡をアレンジしたアクセントクロスとホテル仕様の家具でコーディネート
落ち着いた就寝空間は明度を落とした織物調クロスのベージュカラーでシックに
LDK
12.70㎡（7.7帖）
洋室
10.98㎡（6.7帖）
カウンター
デッドスペースには傘収納
物入
ホール
浴室
トイレ
玄関
洗面室
狭い玄関には薄型シューズクローク
脱衣場所がなかった旧室内にホテル仕様サニタリー空間を造りました
ブラックの大理石カウンターを浴室空間のアクセントに

【ホテルライクな賃貸マンション】

築40年の賃貸マンションが困ったことになっていました。長年、借りていた方のお引越しが決まり空室になってしまったのです。室内に入ると、そこはまるで「昭和の下宿」。カビだらけの繊維壁に、カビだらけの焼けた畳。トイレは、一段上がった和式の便器。バランス釜に換気扇のないキッチンセット。悪臭に近い匂いが立ち込めた部屋を拝見して、絶句したことを覚えています。

オーナー様のご希望は、「ホテルライクな非日常空間」でした。

なんといっても古いので、漏水の可能性がある配管や漏電の危険がある古い配線の調査など、細部にわたり3時間ほど念入りに調査をしました。それから2週間ほどかけてイメージ作りやプランニングを行いました。プランニング作業は、3次元で行う空想の世界。あまりに古い部屋の残像が邪魔をして、行ったり来たりの妄想を繰り返します。それが終わると、積算作業に移るのですが、やはり予算は大切です。賃貸の場合は、家賃と経費などを合計して、利回りという計算も大切になってきます。

なんとかプランニングを気に入っていただき、契約後に工事がスタート。仕様やカラーについては、すべてお任せしますというオーナー様の言葉から、かなりの期待度が感じられプレッシャーがのしかかります。

室内はスケルトンにし、配管や配線はすべて新規にします。壊れてから修繕するのではトータルの費用が高くなってしまうからです。そこから新しく床・壁、天井と造り上げていきました。

「ホテルライク」がキーワードのお部屋。借り手は、20~30代を想定し、持ち家ではない賃貸に求める斬新さと、勇気がないと挑戦できない洗練されたデザインを採用。賃貸だからこその感性を大切にしたデザインを見た時のオーナー様の驚きの声を、今でもはっきりと覚えています。以来、すべての賃貸物件は指名をいただいているという記念すべき物件です。なにより、空室がなくなったということが、お仕事をさせていただいたオーナー様への恩返し。これからも楽しみなマンションです。

終の住処を想定したリフォーム

家族構成 姉妹

広さ 170㎡

予算 2500万円

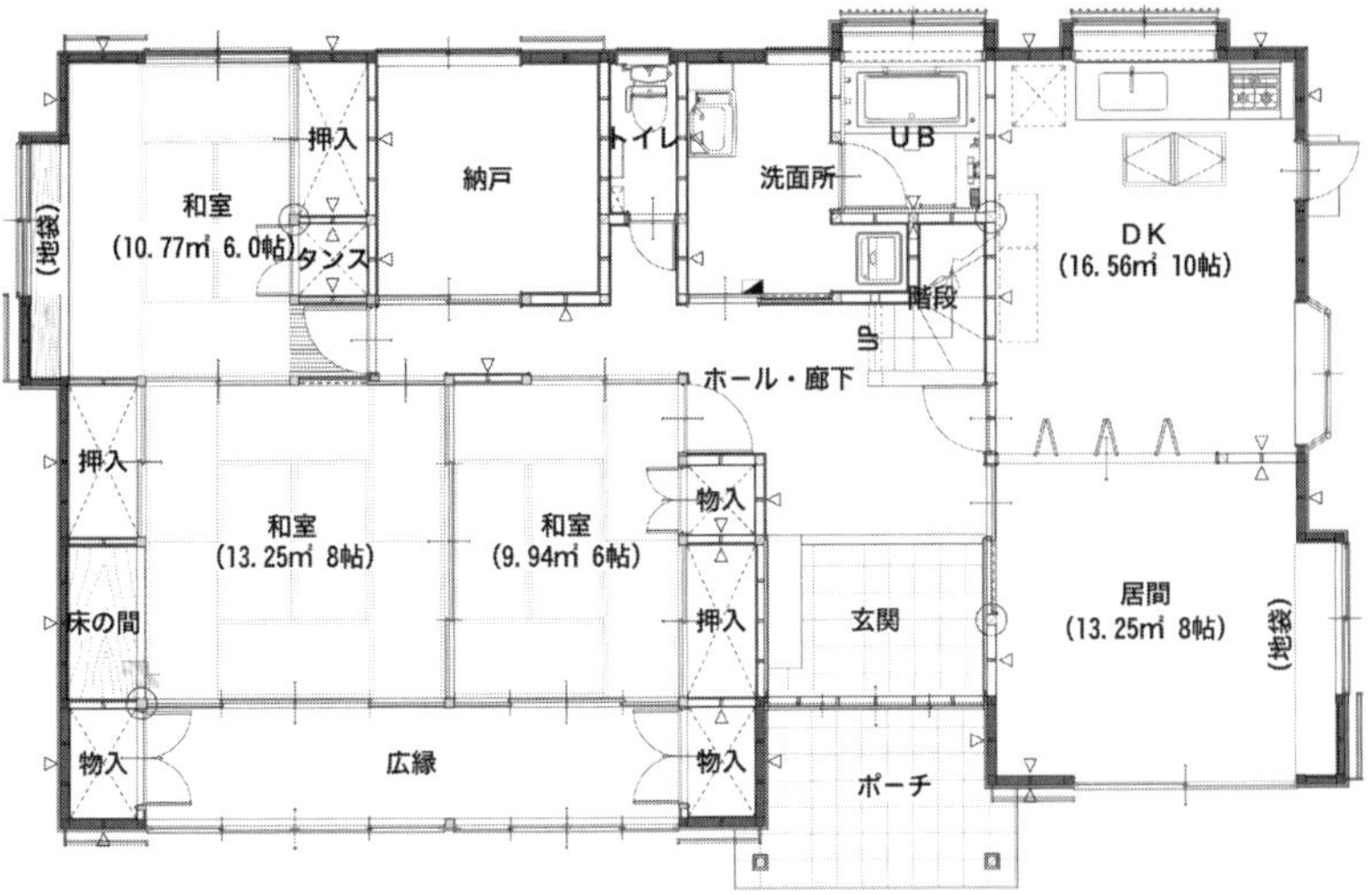

1F 改装前

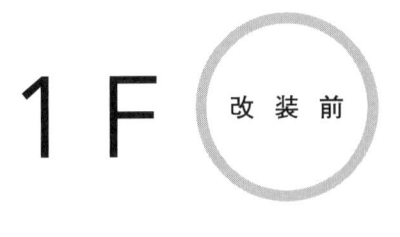

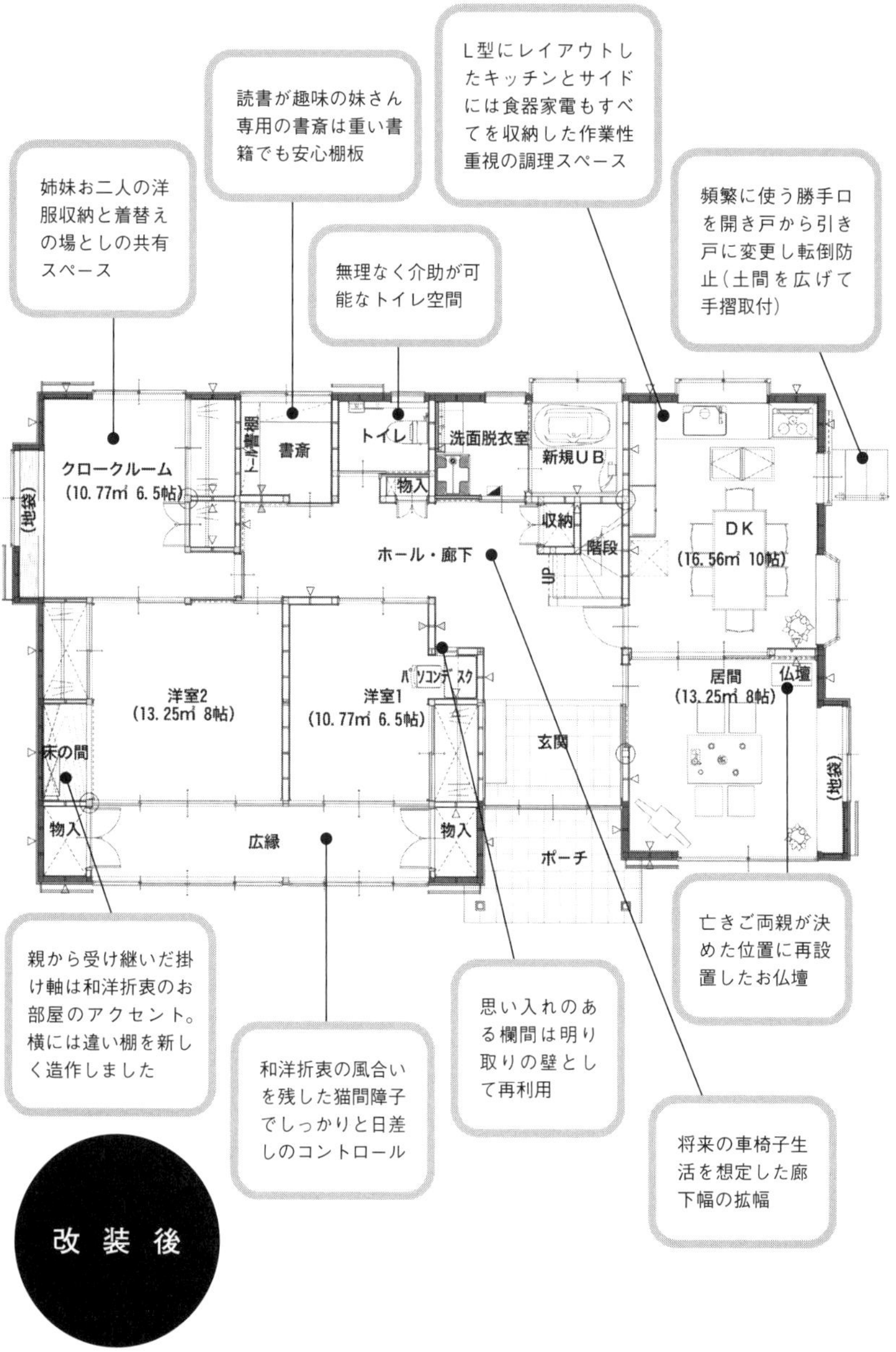
姉妹お二人の洋服収納と着替えの場としの共有スペース
読書が趣味の妹さん専用の書斎は重い書籍でも安心棚板
無理なく介助が可能なトイレ空間
L型にレイアウトしたキッチンとサイドには食器家電もすべてを収納した作業性重視の調理スペース
頻繁に使う勝手口を開き戸から引き戸に変更し転倒防止(土間を広げて手摺取付)
クロークルーム
(10.77㎡ 6.5帖)
(地袋)
ブック棚
書斎
トイレ
物入
洗面脱衣室
新規UB
収納
階段
UP
DK
(16.56㎡ 10帖)
ホール・廊下
洋室2
(13.25㎡ 8帖)
洋室1
(10.77㎡ 6.5帖)
パソコンデスク
居間
(13.25㎡ 8帖)
仏壇
床の間
玄関
(地袋)
物入
広縁
物入
ポーチ
亡きご両親が決めた位置に再設置したお仏壇
親から受け継いだ掛け軸は和洋折衷のお部屋のアクセント。横には違い棚を新しく造作しました
和洋折衷の風合いを残した猫間障子でしっかりと日差しのコントロール
思い入れのある欄間は明り取りの壁として再利用
将来の車椅子生活を想定した廊下幅の拡幅

改装後

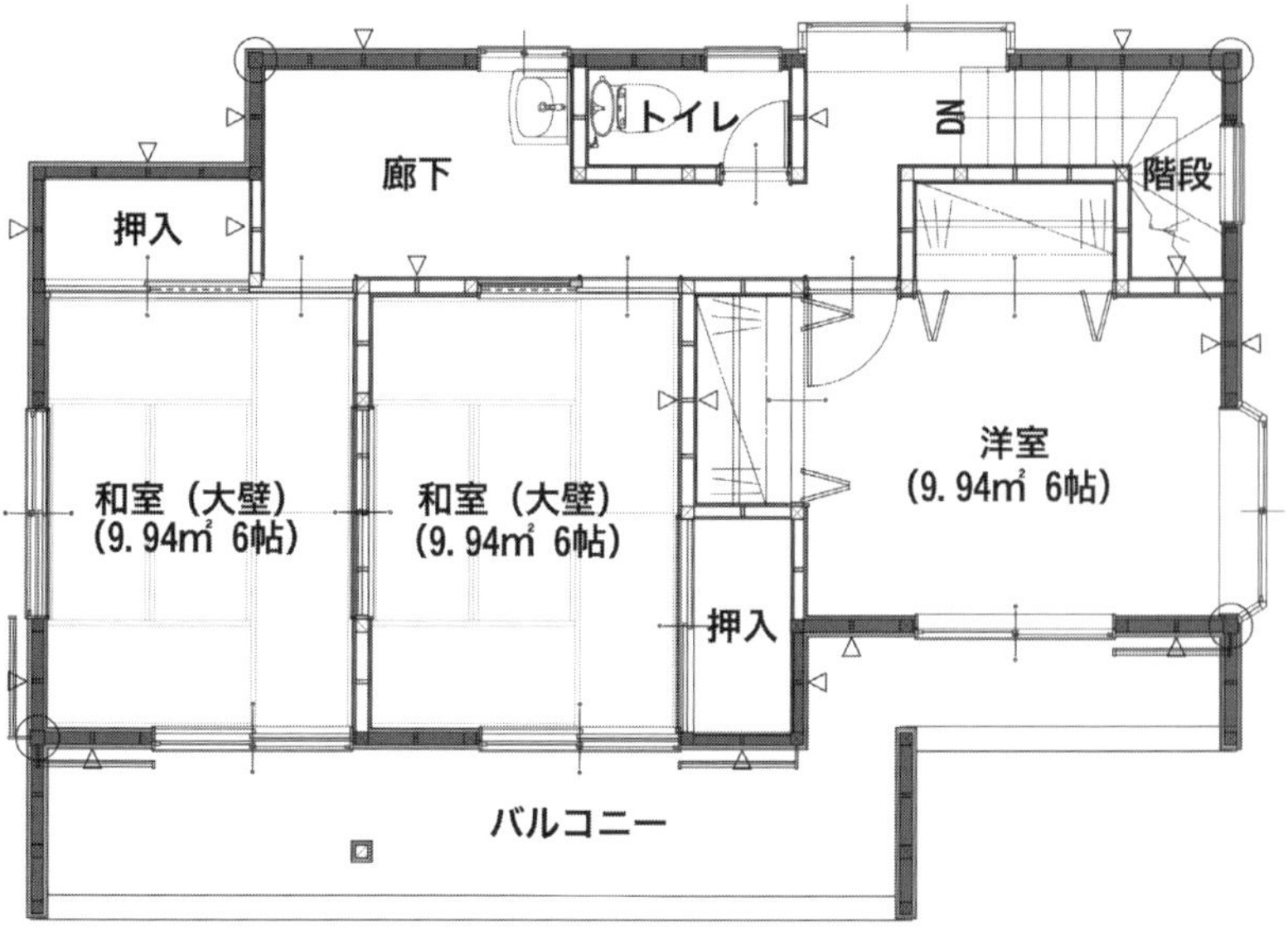
トイレ
廊下
DN
階段
押入
洋室
(9.94㎡ 6帖)
和室（大壁）
(9.94㎡ 6帖)
和室（大壁）
(9.94㎡ 6帖)
押入
バルコニー

2F

改装前

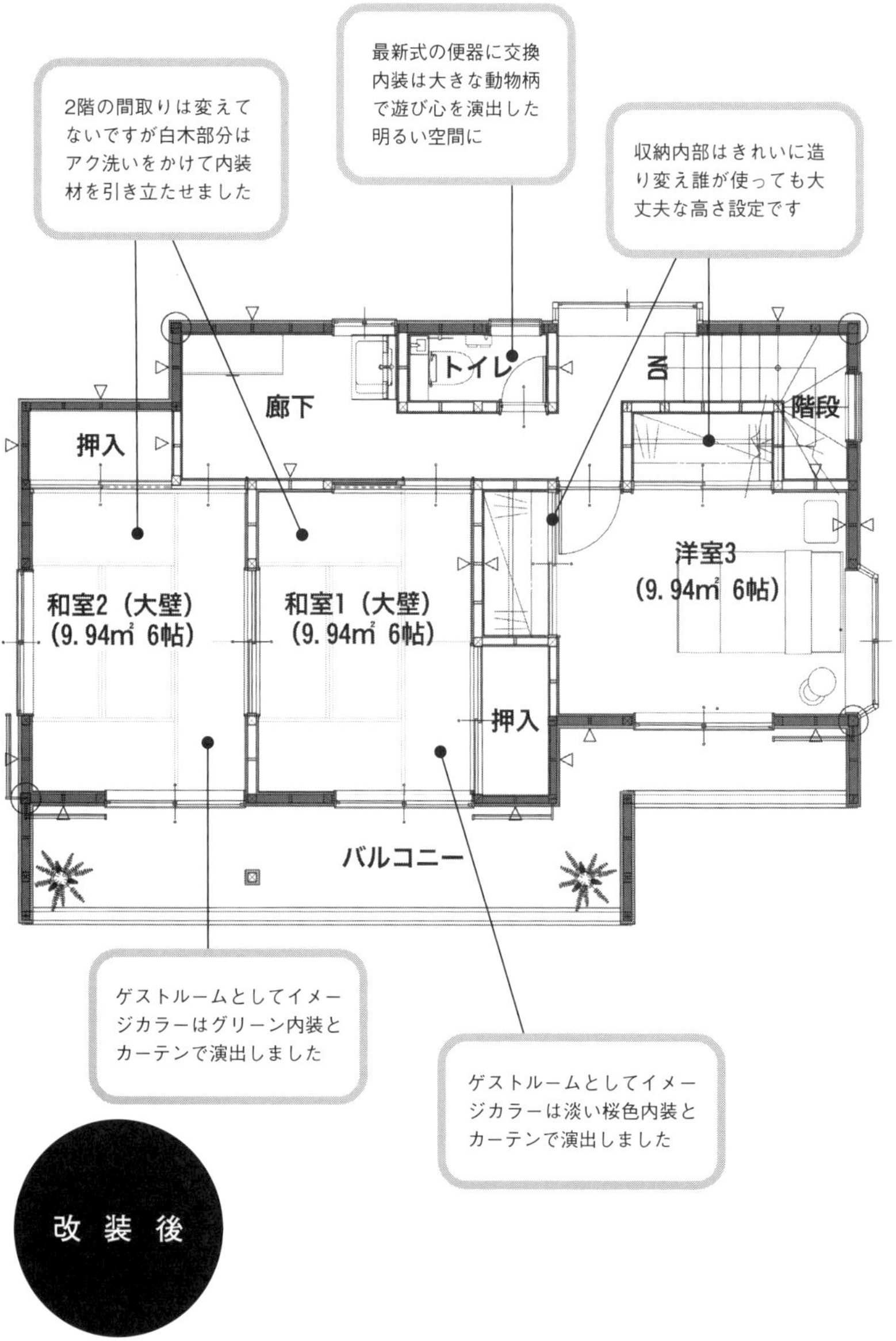
2階の間取りは変えてないですが白木部分はアク洗いをかけて内装材を引き立たせました
最新式の便器に交換内装は大きな動物柄で遊び心を演出した明るい空間に
収納内部はきれいに造り変え誰が使っても大丈夫な高さ設定です
廊下
トイレ
DN
階段
押入
和室2（大壁）(9.94m² 6帖)
和室1（大壁）(9.94m² 6帖)
洋室3 (9.94m² 6帖)
押入
バルコニー
ゲストルームとしてイメージカラーはグリーン内装とカーテンで演出しました
ゲストルームとしてイメージカラーは淡い桜色内装とカーテンで演出しました
改装後

【終の住処を想定したリフォーム】

ご両親から受け継いだ大切なお家のリフォーム相談。都心から少し離れた埼玉の空気のきれいな地に住む姉妹からです。その地は私の会社から車で3時間程の距離。打ち合わせをして、行き帰りの時間を考えれば一日仕事ですが、とりあえずはお会いしてみようという気持ちで向かいました。すると立派なお屋敷の中から素敵な笑顔の姉妹が迎えてくださいました。初対面から意気投合し、夕食までごちそうになり、心はすっかりやる気ムード。遠くても大丈夫という判断で、プランニング作業が始まりました。

定年を迎えた姉妹は、これからの生活は1階で賄いたいという希望です。親戚が多いので2階はゲストルームとしてきれいに改装してほしい。これが大掛かりなリフォームの最後になると思うので、屋根・外壁や防水などすべての点検と工事、そして高齢化を見越して安全安心で住みやすい住宅にしてほしい、という願いです。とてもしっかりと造られたその家は、見れば見るほど、亡きご両親のこだわりが見えてきて温かい気持ちになります。

そこでご提案したのは、良いものは壊さない、思いのこもった材料や木材は捨てないで再利用しましょうということ。お二人とも喜んで賛成してくださり、それから7～8回ほど打ち合わせを重ねました。ショールームに同行して、実際に体験もしていただきました。

生活の中心となるDKと居間の主役は、通常は対面でオープンなキッチン空間だったりするのですが、あえてダイニングテーブルという設定にさせていただきました。高齢の親戚やお客様が多いので、ゆったりとおしゃべりを楽しめる椅子とテーブルはこだわります。

もう一点のこだわりは、廊下幅です。せっかく広い玄関なのに、そこから続く廊下は一気に狭くなっていました。そこで、今ある柱を梁補強という耐震性にこだわった抜き方で広げることに。広がった床には、玄関から続く欅《けやき》のフローリング。経年変化で赤色に変化する材料を使いました。

近くのホテルに前泊して迎えた着工日。そこから約4カ月という工事期間を経て、ご両親の想いを受け継ぎながらも、きれいに生まれ変わった家が完成しました。工事中何度もチェックに伺いましたが、毎回本当に楽しい時間を共有できたという喜びでいっぱいです。

限られたスペースで個を尊重した間取り

家族構成　夫婦＋子供３人

広さ　80㎡

予算　800万円

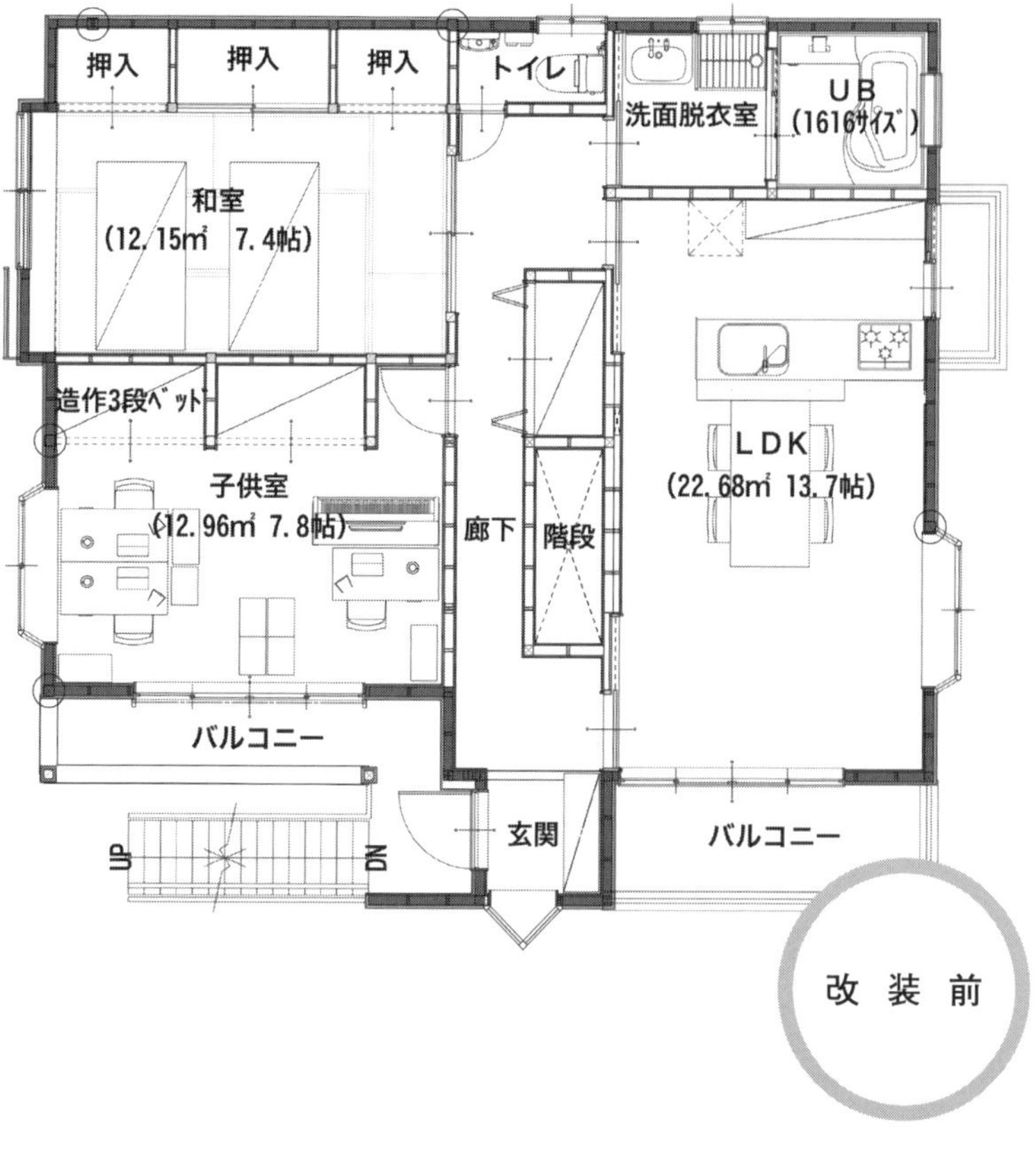

改装後

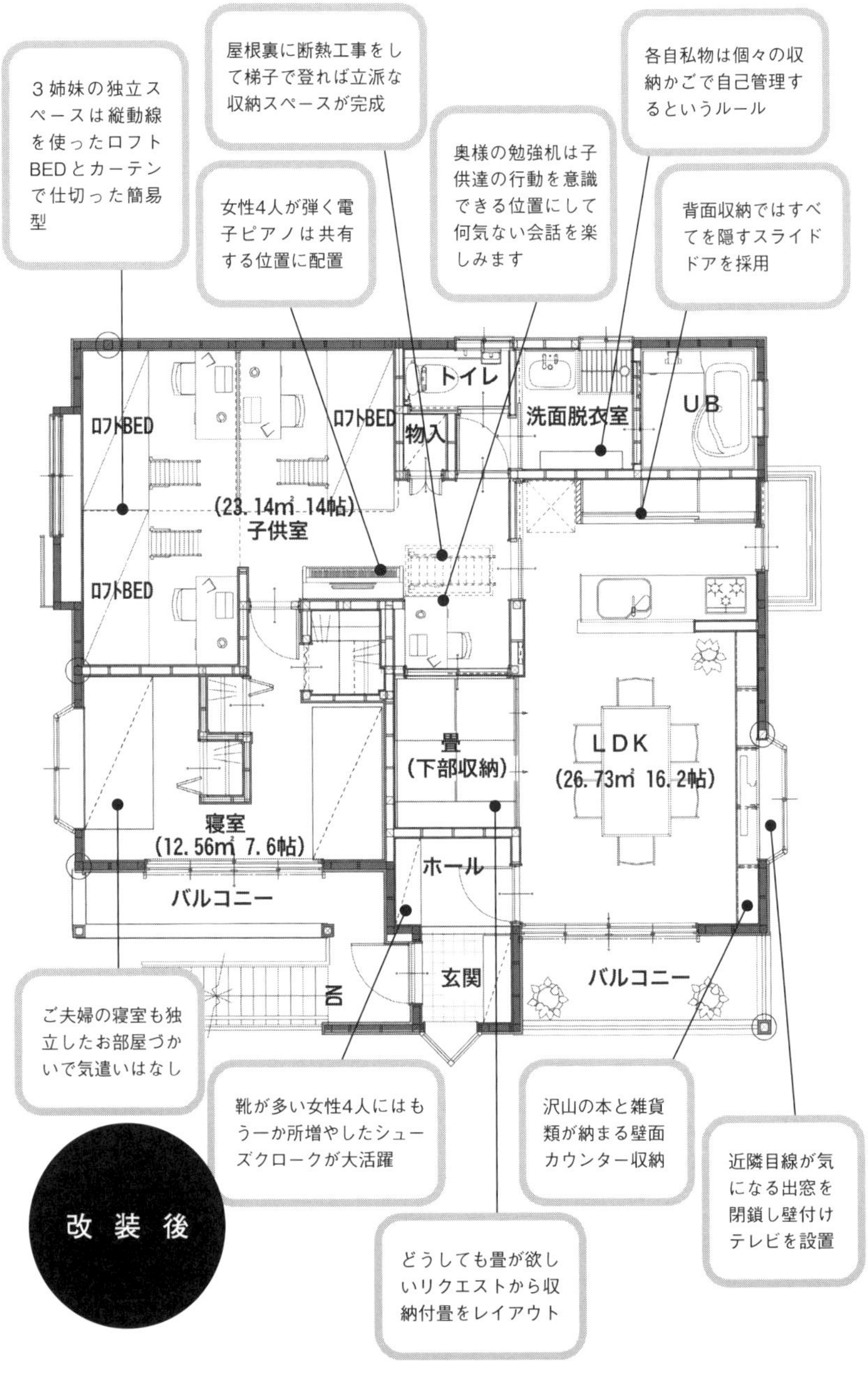
3姉妹の独立スペースは縦動線を使ったロフトBEDとカーテンで仕切った簡易型
屋根裏に断熱工事をして梯子で登れば立派な収納スペースが完成
女性4人が弾く電子ピアノは共有する位置に配置
奥様の勉強机は子供達の行動を意識できる位置にして何気ない会話を楽しみます
各自私物は個々の収納かごで自己管理するというルール
背面収納ではすべてを隠すスライドドアを採用
ロフトBED
ロフトBED
ロフトBED
(23.14㎡ 14帖)
子供室
トイレ
物入
洗面脱衣室
UB
畳
(下部収納)
LDK
(26.73㎡ 16.2帖)
寝室
(12.56㎡ 7.6帖)
ホール
バルコニー
玄関
バルコニー
DN
ご夫婦の寝室も独立したお部屋づかいで気遣いはなし
靴が多い女性4人にはもう一か所増やしたシューズクロークが大活躍
沢山の本と雑貨類が納まる壁面カウンター収納
近隣目線が気になる出窓を閉鎖し壁付けテレビを設置
どうしても畳が欲しいリクエストから収納付畳をレイアウト

【限られたスペースで個を尊重した間取り】

二世帯住宅の2階部分に住んでいるご家族5人からのご相談。同じ部屋では喧嘩ばかりの日々で、そろそろプライベート空間が欲しいというお年頃3人娘が一番の悩みの種です。早速調査に伺ってみると、狭いながらも色々な工夫がしてあり、苦労されているんだなという印象を抱きました。ご家族一人一人に細かく希望をお聞きすると、それぞれプライベート空間が欲しいものの、家族の時間も大切だということで一致です。

一般的に、長方形の家というのはお部屋を割り振りやすいのですが、この家は正方形。どうしても真ん中は窓がなく採光が確保できないため、難しい形です。今回は、家のスペースを分断してしまいがちな廊下を極力造らない動線を考えました。その上で、収納スペースが確保できるかの勝負です。

まず、1階と2階を繋ぐ室内階段は閉鎖して床面積にプラスし、分断してしまう動線を解消しました。そして女性特有の靴の多さの問題を解消すべく、玄関にできたデッドスペースを利用してシューズクロークを2カ所に設置し、全身が映る鏡も取り付けました。LDKは今までとスペースは変えず、散らかりがちな小物や雑貨類をしまうスペースとして、壁面にカウンター収納を設置。反対側にはこだわりの畳スペース。こちらには、遊び心でハンモックを取り付けました。テレビを見ながらゆらりゆらりとできるように、しっかりと補強も施しています。子供室は壁を造ってしまうとかなり狭いので、ロフトベッドをうまく活用して間仕切りはカーテンで。個々の机の前にはマグネットが自由自在に付けられる特殊な細工をしてみました。散らかりがちな重要プリントもマグネットで壁にペタリ！ で安心です。ベッドサイドに専用スポットライトをつけて、就寝後に迷惑にならない配慮も。ご夫婦のプライベート空間は存在感だけを残して「自由」を満喫できるレイアウトです。内装については、壁ごとにアクセントを考えて、かなり多種類の質感を組み合わせてのチャレンジをしてみました。

狭いながらも個にこだわったリフォームは、ご家族みんなの笑顔に繋がり、苦労した分思い出深いお仕事となりました。

子育てを楽しむ アイデアが 詰まった新居

家族構成　夫婦＋子供２人

広さ　90㎡

予算　250万円

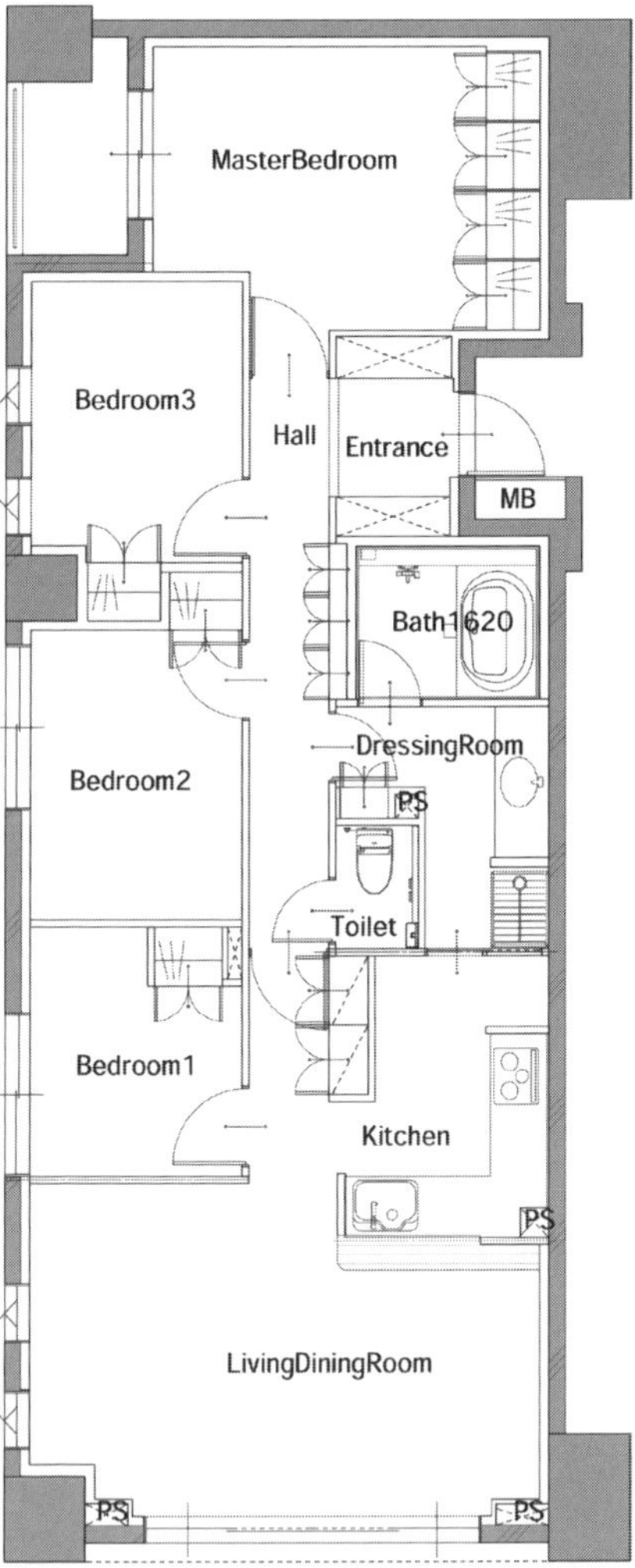

改装前

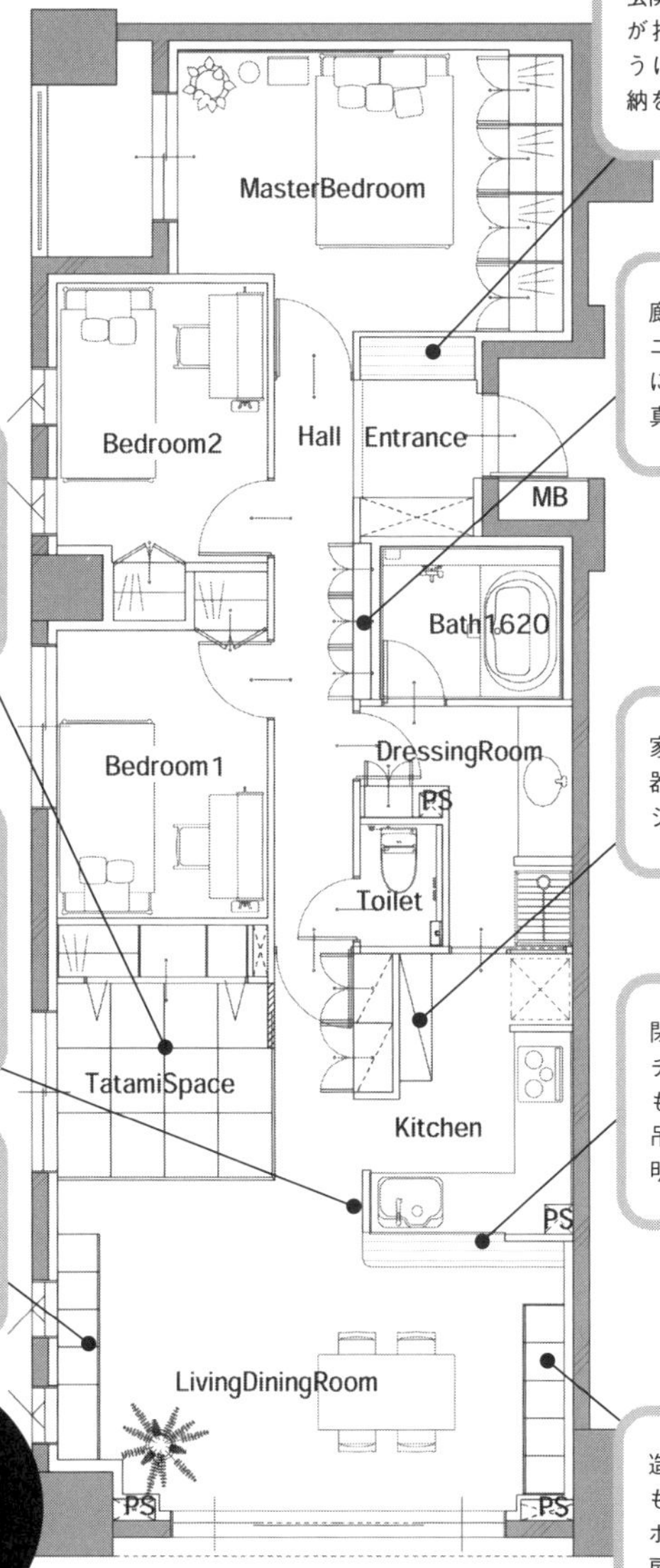

改装後

玄関にベビーカーが持ち込めるように造り付け収納をアレンジ

廊下の収納はニッチスタイルにして家族写真を飾ります

子供達の遊び場は畳敷きにリビングと一体的な空間はへりなし畳が演出します

家電機器と食器収納をオリジナル造作

子供達のお絵かき黒板はクッキング中も楽しく会話ができるキッチンのサイド壁に造りました

閉鎖的なキッチンスペースも下がり壁と吊り戸撤去で明るさUP

頻繁に出し入れする子供のおもちゃは自分でお片付けできる高さに

造り付け壁面収納もアレンジ次第でポップの演出(各所扉やカウンターのカラーを変えて)

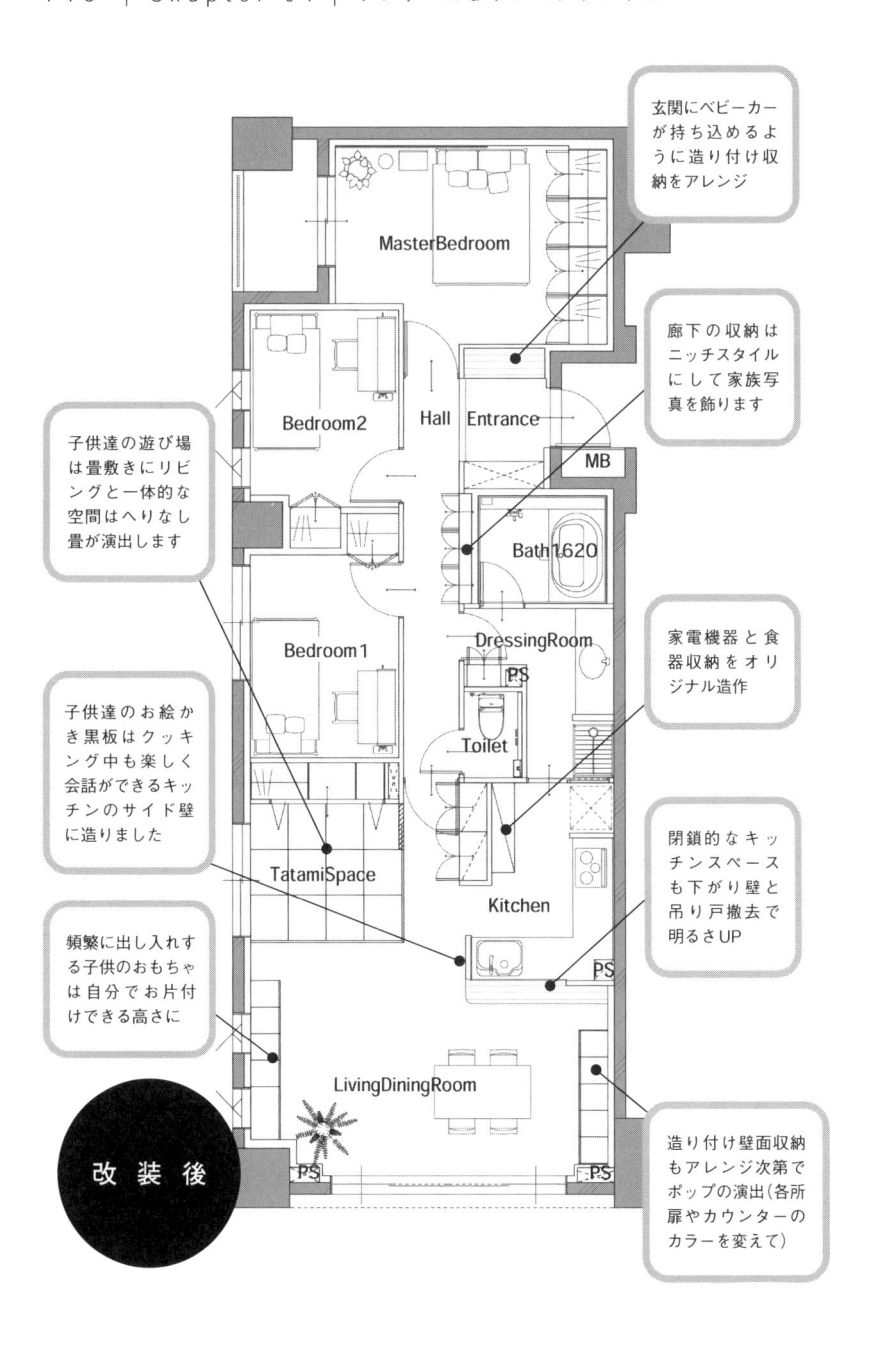

【子育てを楽しむアイデアが詰まった新居】

築11年の中古マンションを購入した30代のご夫婦と小さなお子さん2人のご家族からのご依頼でした。まだ築浅のマンションはきれいで、一見すると問題はないように思えますが、自分たちが思い描くこだわりがあったのです。

このご夫婦は、お二人ともお医者さん。忙しい毎日でも、子供と過ごす時間を大切にしたい、楽しくのびのび育てたいという思いを叶えるため、子供が遊ぶスペースとして、一部の壁を壊してオープンにしました。けがをしないようにという配慮から作った畳スペースは、リビングの空間イメージを壊さないように、い草のヘリなし畳を採用。市松模様で色を変えてアレンジし、和モダンを実現させました。

収納場所を増やしたいという希望から、オリジナルの造り付け壁面収納を。見せる箇所、隠す箇所をどうアレンジするかでお部屋のイメージが大きく変わるので、何度も打ち合わせをして、かなり独創的な空間となりました。新しくした収納とクローゼットは、子供が自分でお片づけができるように、高さにこだわったもの。クッキングタイムにもコミュニケーションが取れるよう、お絵かき黒板をキッチンそばに取り付けました。ちょっとした遊び心です。内装選びやカーテン生地選びは、ポップな赤やオレンジを使ったり、シックに落ち着いた箇所を造ったりと、ご夫婦の思いをひとつずつ形にしていきました。マンションの場合、多くの方が置き場所に困っているベビーカーですが、玄関収納を1カ所壊して、専用の収納場所を造りました。廊下の収納は、天井までの圧迫感があって気になる場所。そんな場所もアレンジ次第で変わります。下部は扉を付けて隠しますが、上部はニッチスタイルにして家族写真置場にしました。ニッチ内部はアクセントとしてイタリアンカラーの市松クロスで、和と洋を漂わせました。みごとに写真が映えて、引っ込んだ壁のおかげで、廊下が広がった印象になりました。

お引渡しサプライズに、成長を願って子供の木製身長計を壁にセットさせていただきました。昔から、歌にあるように柱の傷は〜の現代版です。あれからどのくらい伸びたでしょうか？　今度お会いするのが楽しみです。

遊びに来る孫たちを思う おもてなしリフォーム

家族構成 夫婦　広さ 80㎡　予算 350万円

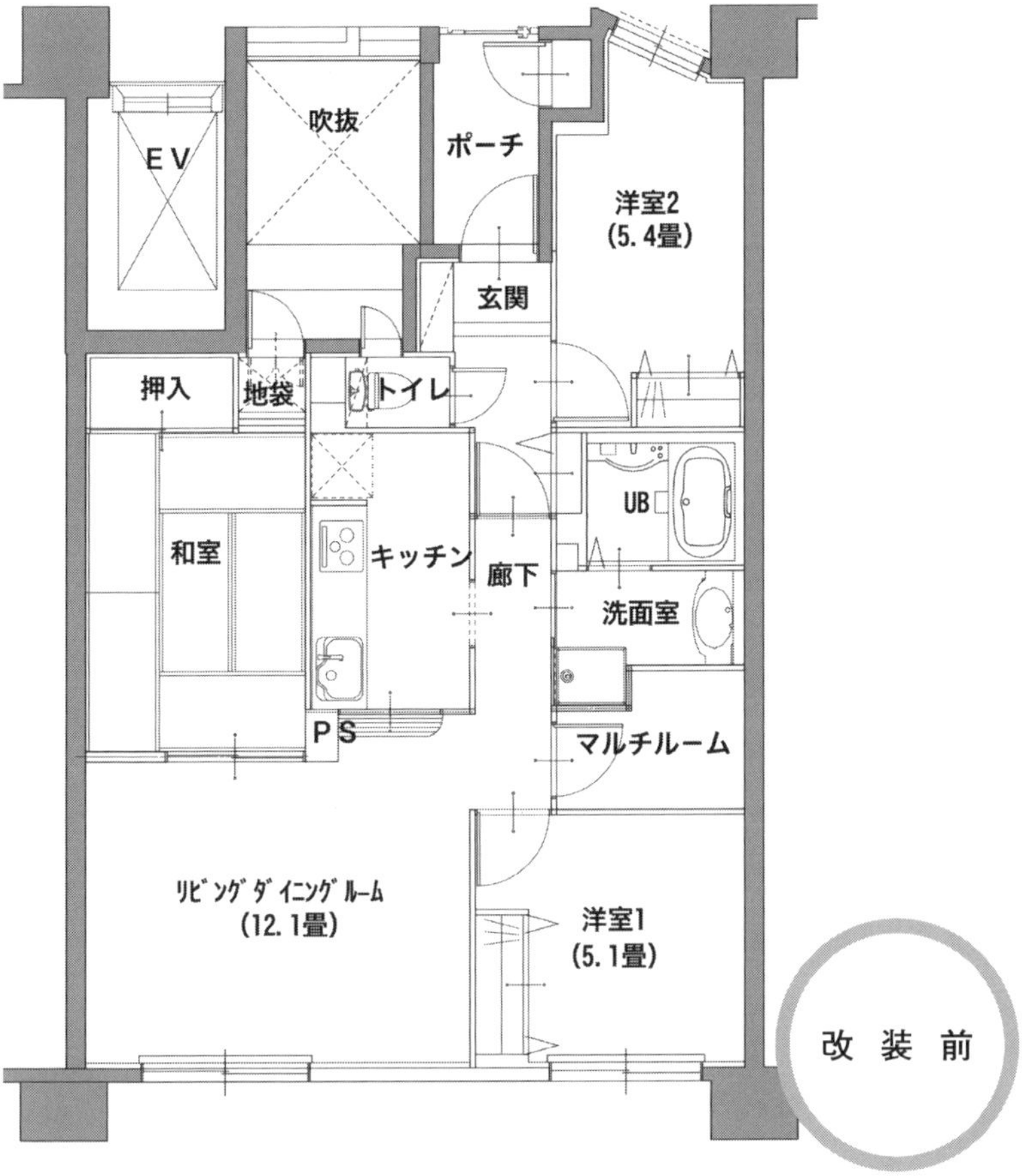

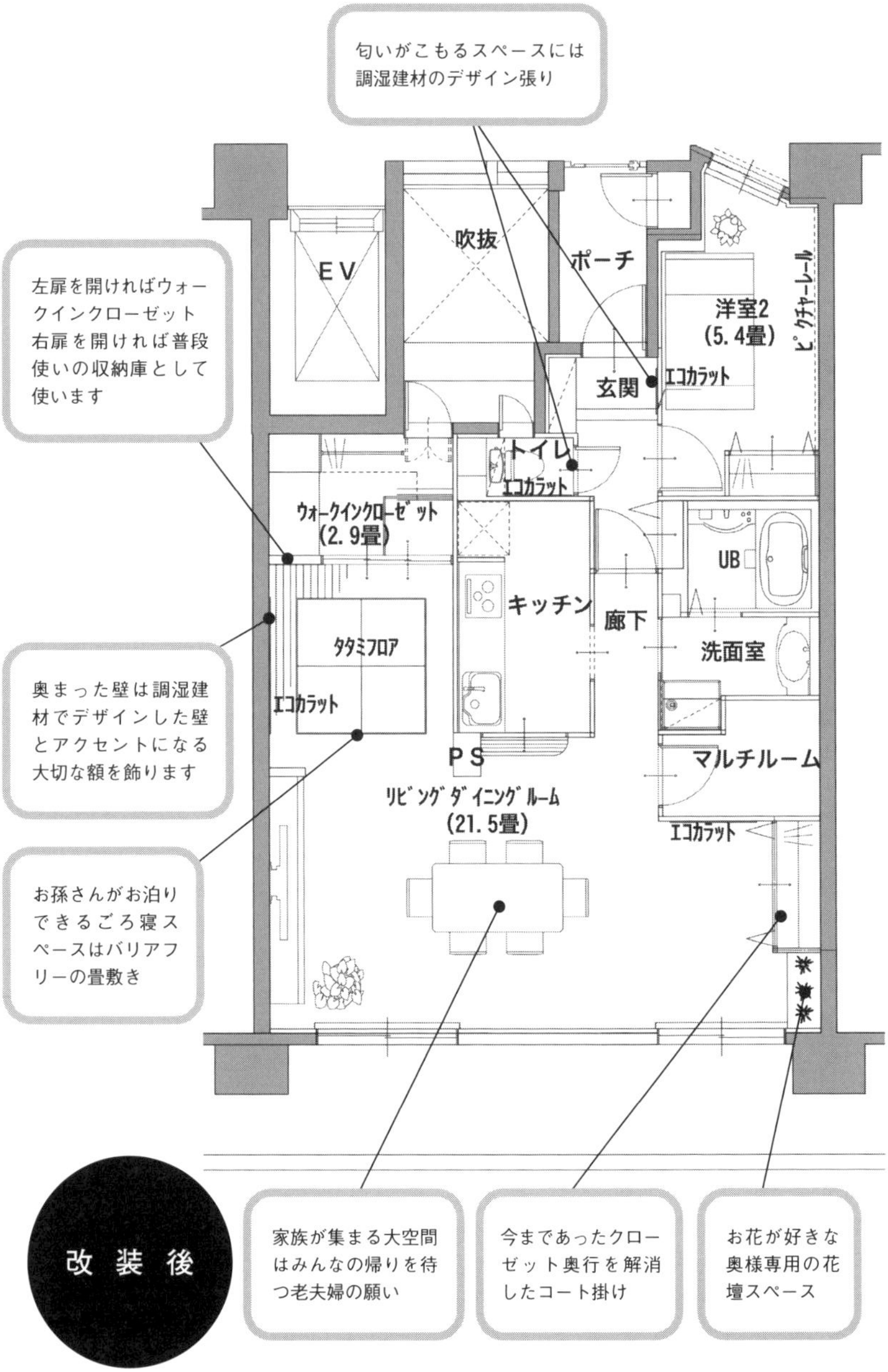

匂いがこもるスペースには
調湿建材のデザイン張り
左扉を開ければウォークインクローゼット
右扉を開ければ普段使いの収納庫として使います
奥まった壁は調湿建材でデザインした壁とアクセントになる大切な額を飾ります
お孫さんがお泊りできるごろ寝スペースはバリアフリーの畳敷き
EV
吹抜
ポーチ
洋室2
(5.4畳)
ピクチャーレール
玄関
エコカラット
トイレ
エコカラット
ウォークインクローゼット
(2.9畳)
UB
キッチン
廊下
タタミフロア
洗面室
エコカラット
PS
マルチルーム
リビングダイニングルーム
(21.5畳)
エコカラット
改装後
家族が集まる大空間はみんなの帰りを待つ老夫婦の願い
今まであったクローゼット奥行を解消したコート掛け
お花が好きな奥様専用の花壇スペース

【遊びに来る孫たちを思うおもてなしリフォーム】

子供たちが独立して生活は二人。日々の楽しみは、孫たちが遊びにくること。今では孫だけでお泊りにも来てくれるので、快適に過ごせるリビングが欲しいとのことでした。

長年暮らした家ですが、きれいにお手入れもされていて、設備もきちんとメンテナンスが行き届いているため交換不要。それならば、お部屋の使い勝手にターゲットを絞ってプランニング開始です。

キッチンの位置を変えればリビングを広げられますが、お金をかけて壊さなくても面白い間取りができるのではないかと考えました。老夫婦の場合、住み慣れた空間を大きくリフォームして一新することは、かえってストレスに繋がる場合があるのです。慣れた動線は安心安全、不自由でなければそれでよし！　というケースです。そのため、リビングは洋室と繋げて変形Ｌ字の空間に。

和スペースに造ったウォークインクローゼットは、頻繁に使うものとそうでないもの、重いものを仕分けして、それぞれの定位置を決めました。多頻度の出し入れは手前の扉を開ければすぐに取り出せるように。少頻度のものは、ウォークインスタイルで縦動線を利用しての使い分けをご提案いたしました。このご夫婦のためのオリジナル収納の完成です。身体への負担も最小限で済むという利点を叶えました。

また、お部屋の各所に調湿建材を使用しました。これから年齢を重ねていくうちにカビや匂いなどの不快なことがないようにとの予防処置。しかし、ただ壁に張ったのでは面白見もありません。趣味で飾る額の絵や文字の雰囲気と合わせてデザイン張りをご提案しました。気にいっていただき、あっちもこっちもとご希望が湧いてきました。大きな間取り変更ではありませんが、細部を見直しちょっとしたアレンジをプラスしてあげることで、生活は断然豊かなものになるのです。お孫さんとのお泊り会も、きっと笑いが絶えない大切な思い出となったのではないかと思っています。お引渡しの日、老夫婦からいただいたお礼の言葉は、その笑顔と一緒に今も心に残っています。

世代を越えて共に暮らす二世帯住宅

家族構成　6人家族

広さ　150㎡

予算　2000万円

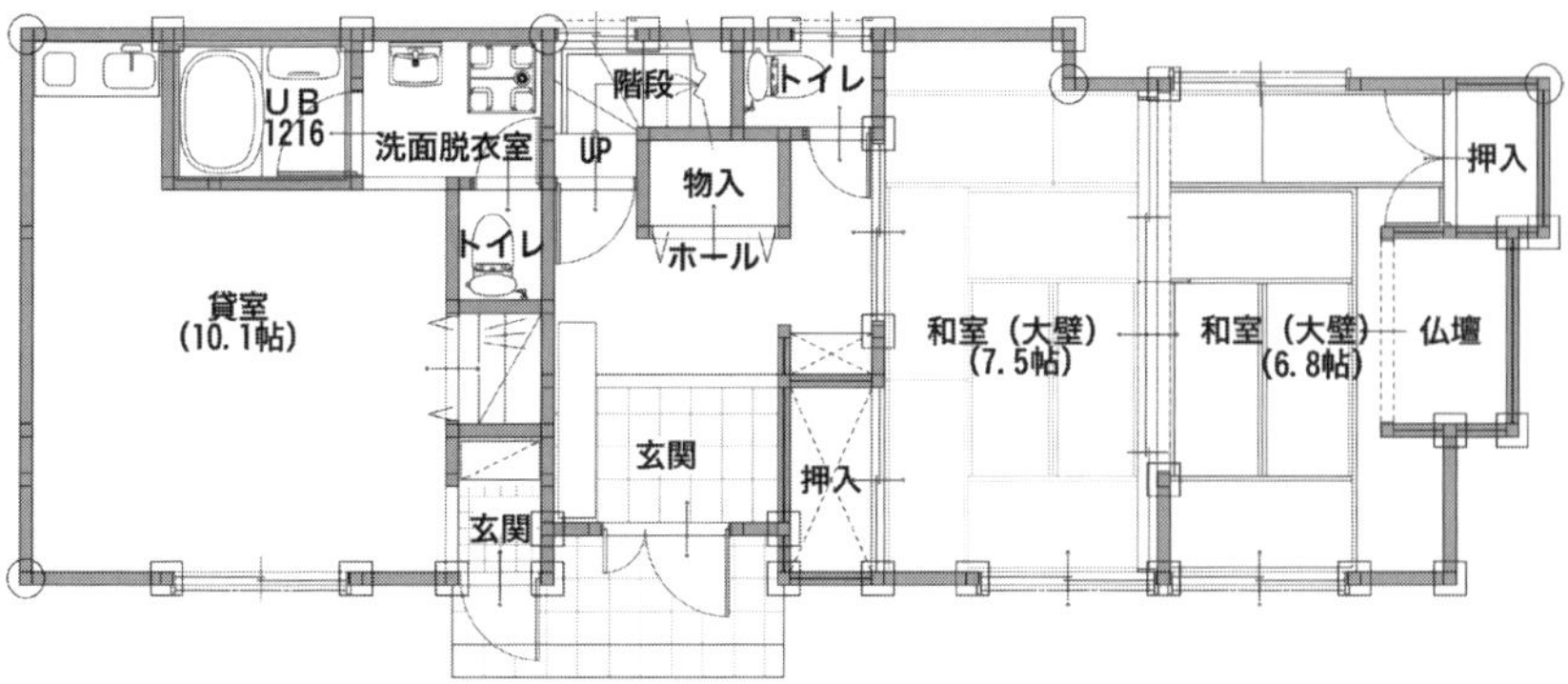

1F　改装前

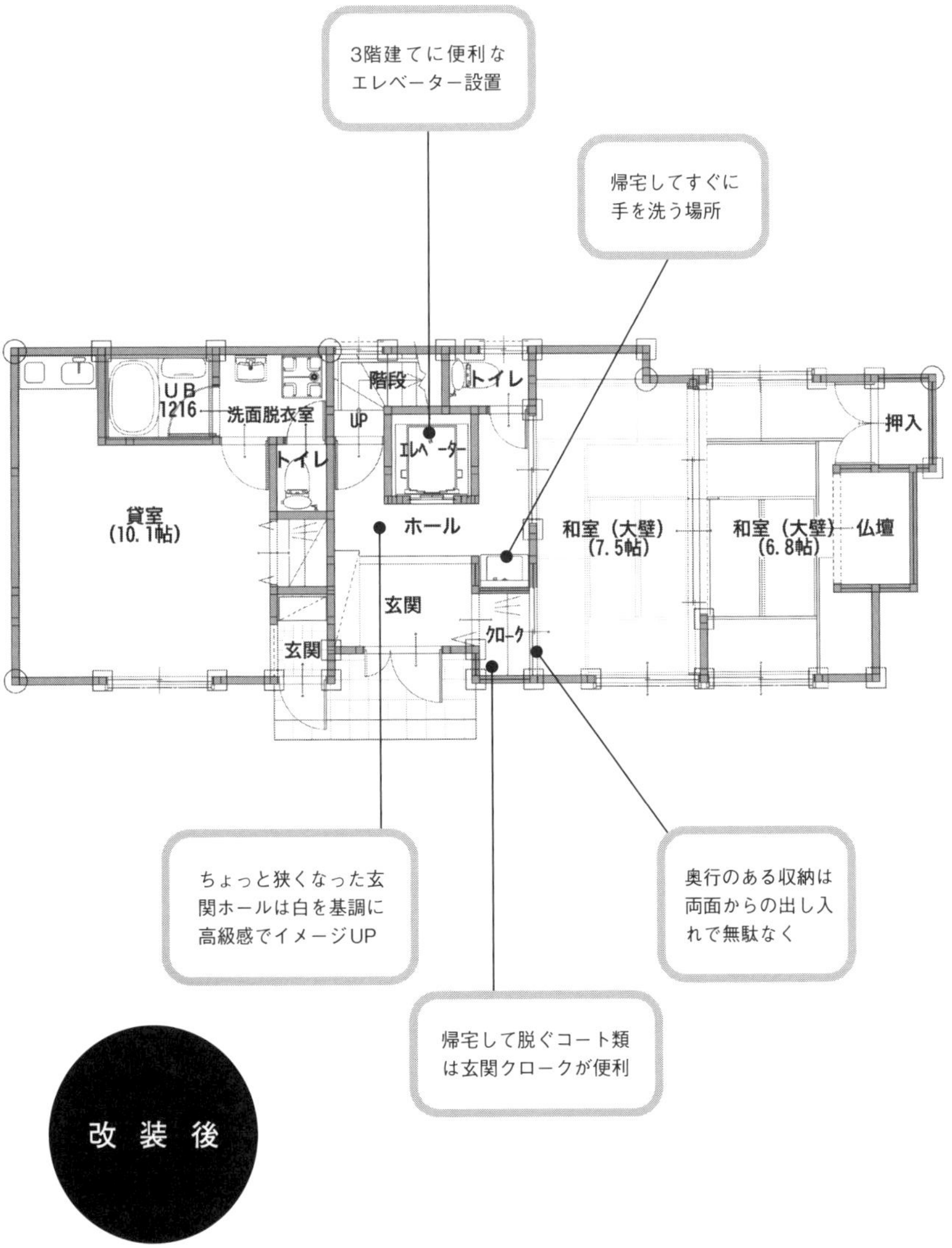
3階建てに便利な
エレベーター設置
帰宅してすぐに
手を洗う場所
階段
トイレ
UB
1216
洗面脱衣室
UP
エレベーター
トイレ
押入
貸室
(10.1帖)
ホール
和室（大壁）
(7.5帖)
和室（大壁）
(6.8帖)
仏壇
玄関
クローク
玄関
ちょっと狭くなった玄
関ホールは白を基調に
高級感でイメージUP
奥行のある収納は
両面からの出し入
れで無駄なく
帰宅して脱ぐコート類
は玄関クロークが便利

改装後

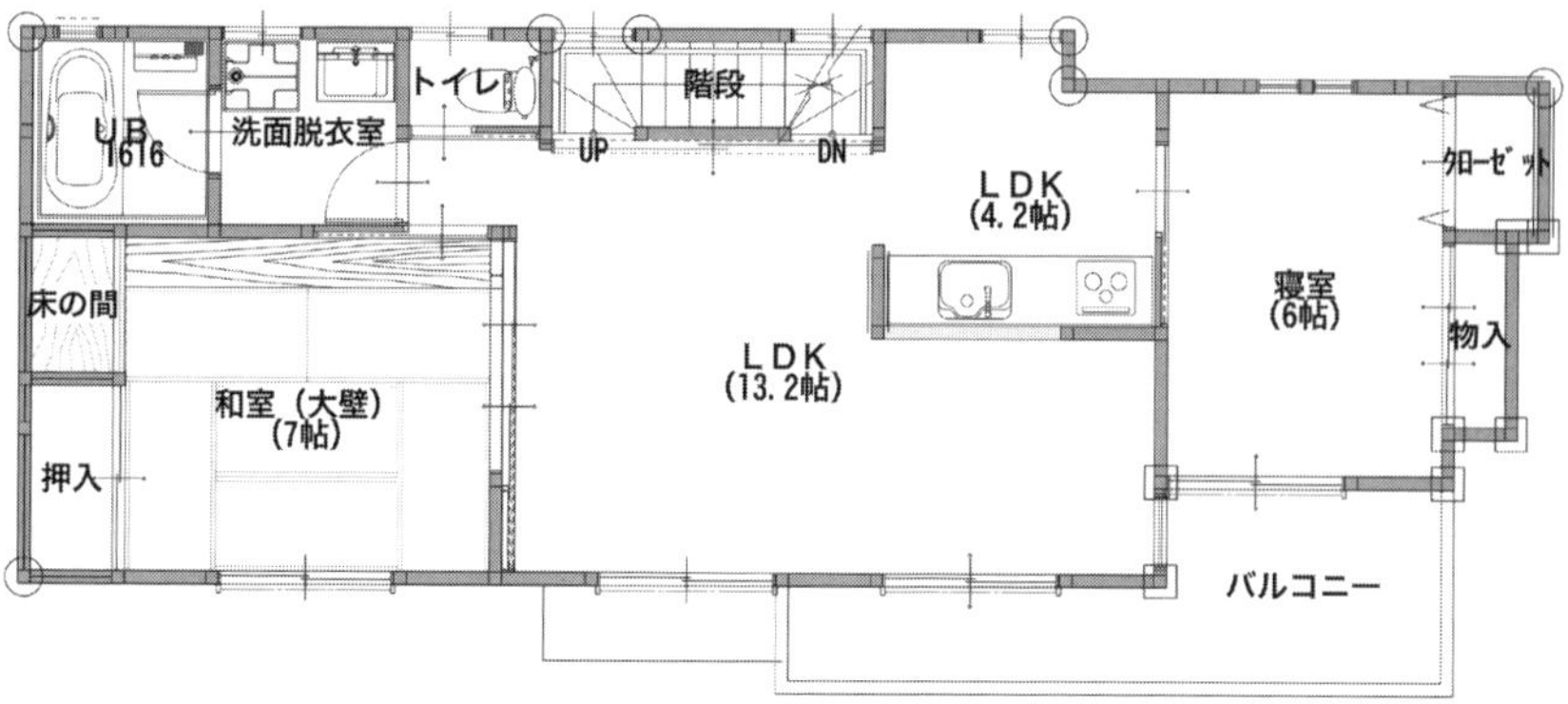
UB
1616
洗面脱衣室
トイレ
階段
UP
DN
LDK
(4.2帖)
床の間
LDK
(13.2帖)
寝室
(6帖)
クローゼット
物入
和室（大壁）
(7帖)
押入
バルコニー

2F

改装前

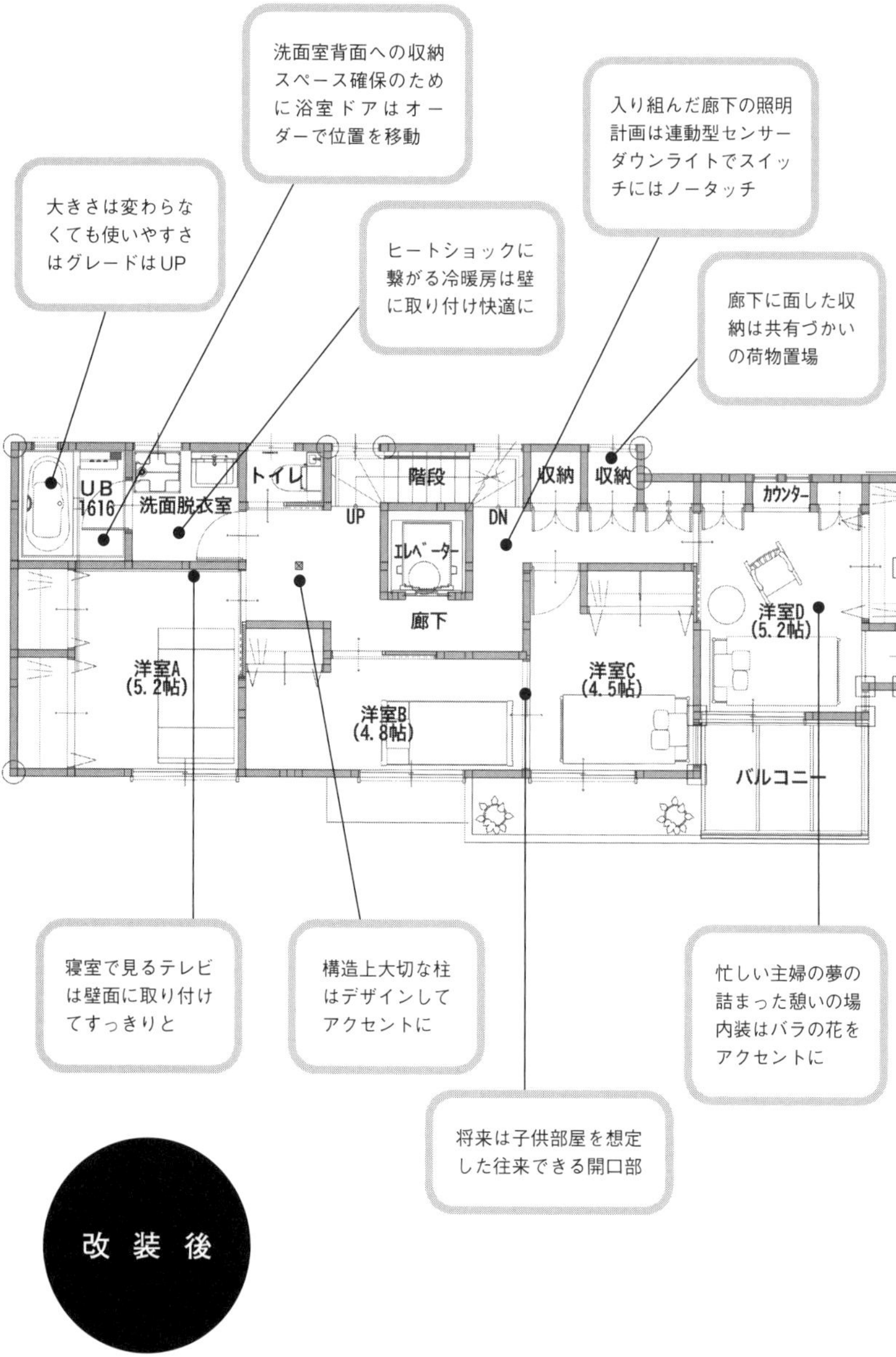
洗面室背面への収納スペース確保のために浴室ドアはオーダーで位置を移動
入り組んだ廊下の照明計画は連動型センサーダウンライトでスイッチにはノータッチ
大きさは変わらなくても使いやすさはグレードはUP
ヒートショックに繋がる冷暖房は壁に取り付け快適に
廊下に面した収納は共有づかいの荷物置場
UB 1616
洗面脱衣室
トイレ
階段
UP
DN
エレベーター
収納
収納
カウンター
廊下
洋室A (5.2帖)
洋室B (4.8帖)
洋室C (4.5帖)
洋室D (5.2帖)
バルコニー
寝室で見るテレビは壁面に取り付けてすっきりと
構造上大切な柱はデザインしてアクセントに
忙しい主婦の夢の詰まった憩いの場 内装はバラの花をアクセントに
将来は子供部屋を想定した往来できる開口部

改装後

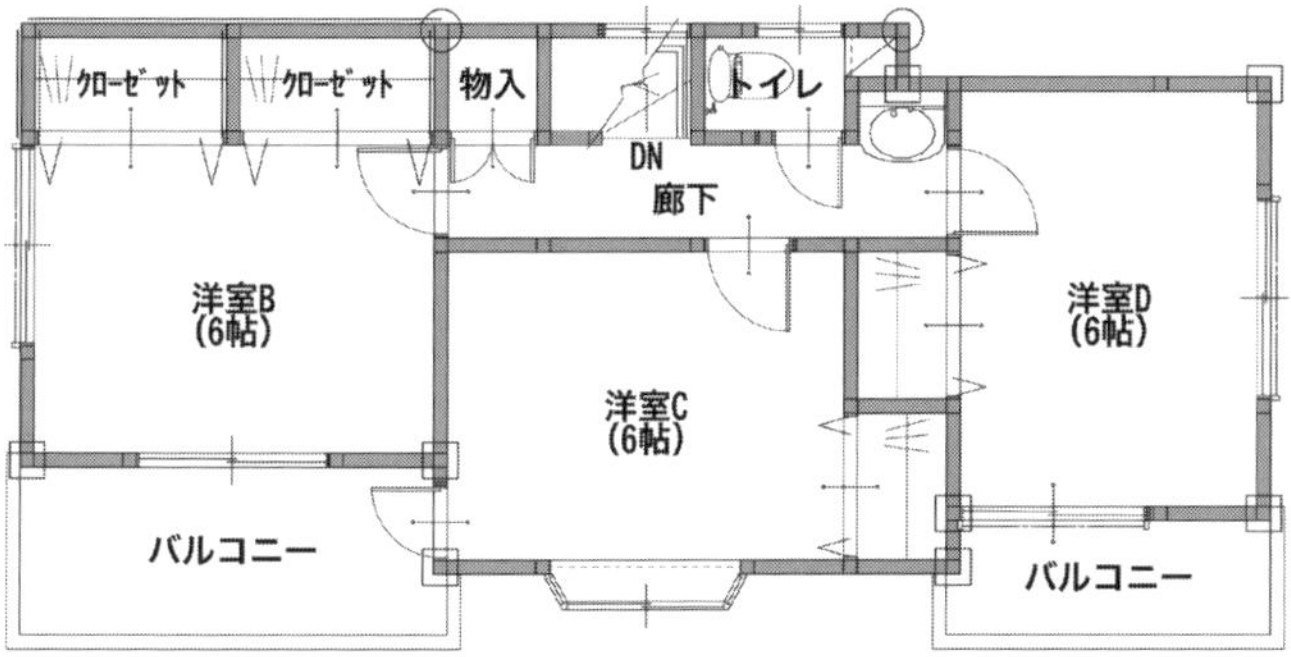

3F

改装前

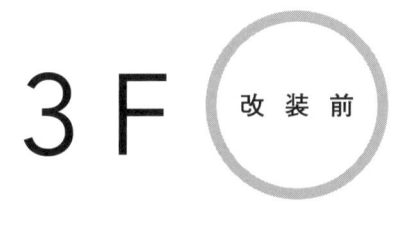

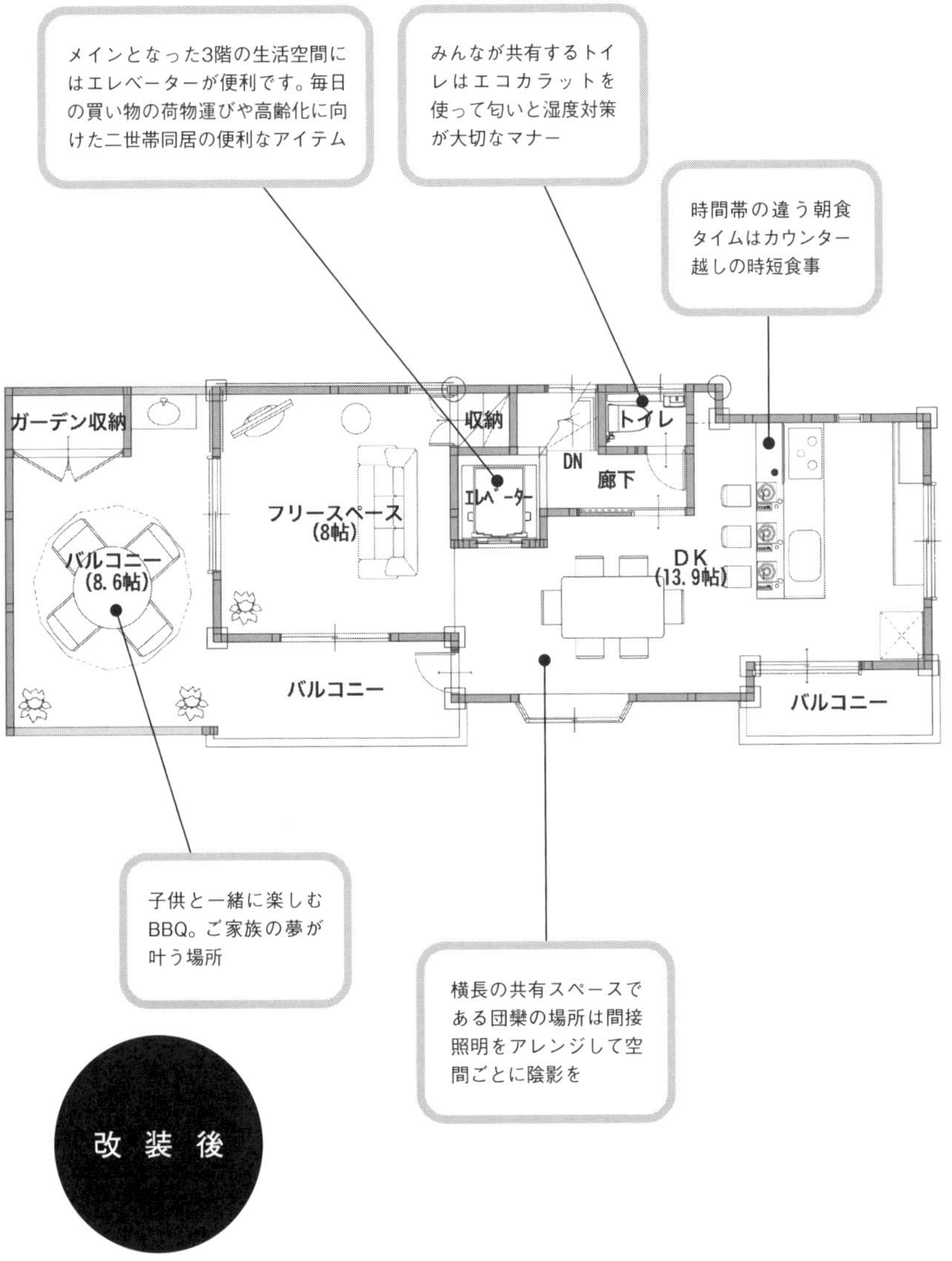
メインとなった3階の生活空間にはエレベーターが便利です。毎日の買い物の荷物運びや高齢化に向けた二世帯同居の便利なアイテム
みんなが共有するトイレはエコカラットを使って匂いと湿度対策が大切なマナー
時間帯の違う朝食タイムはカウンター越しの時短食事
ガーデン収納
収納
トイレ
DN
廊下
エレベーター
フリースペース
(8帖)
バルコニー
(8.6帖)
DK
(13.9帖)
バルコニー
バルコニー
子供と一緒に楽しむBBQ。ご家族の夢が叶う場所
横長の共有スペースである団欒の場所は間接照明をアレンジして空間ごとに陰影を
改装後

【世代を越えて共に暮らす二世帯住宅】

「巣立った娘が、生まれ育った実家に戻ってくることになりました」

ご両親と、娘さんの家族3人、そしてお腹の中にもう一人。ご紹介いただいたご家族はとっても仲が良く、まるで姉妹のような印象でした。

二世帯住宅の場合、考えなければいけないことは相続のこと。工事代金を誰が出すかによって持ち分や贈与の決め事が大切になってきます。現金なのかローンなのかによっても違います。複数の子供がいる場合は、のちの争いごとにならないように、家族間でしっかりと話し合いをすることが重要です。今回は税理士や司法書士の方もご紹介して、関係する専門家でチームを組んでお仕事をさせていただきました。

様々な二世帯住宅の形態がある中で、今回は完全同居型の二世帯住宅です。最後まで悩んだ結果、景観と明るさから、思い切って3階にＬＤＫを配置することにしました。少し足の不自由なご主人のため、エレベーターは絶対条件です。エレベーターを設置する場合、確認申請が必要です。基礎部分はしっかりしているか、耐震基準は満たしているか等、大変厳しい審査です。プランのお打ち合わせと並行して申請機関とも打ち合わせ。それだけで6カ月ほどかかりました。加えてお客様にとっても大きなストレスとなってしまう住まいながらの長期間の工事。キッチンやお風呂が使えない期間は旅行に行くなど、たくさんの協力をしていただき、打ち合わせから完成までは約1年かかりました。

間取りについてのこだわりは、玄関入ってのクロークと手洗いスペース。子供が遊んで帰ってきても、すぐに手洗いができます。2階は完全にプライベートスペースです。共有するトイレと浴室は最新の設備を設置しました。3階は共有空間です。こだわりは天井にあしらった間接照明。空間ごとに照らす角度を変えて陰影を出しました。狭いながらも単調にならず楽しめます。全体を通じてのポイントは、設備の自動化。手をかざすだけの水栓やセンサーなど、つけっぱなしや出しっぱなしがないストレスフリーは共同生活には便利です。今はお子さんも二人になりました。にぎやかな笑い声が聞こえてくるようです。生まれて6カ月のお写真も送られてきて、幸せのおすそ分けに感謝しています。

家は芸術作品？

匠と呼ばれる建築士や設計士が、個人のお宅をリノベーションする某番組。私たちからすると、実はありえないことが多すぎるのです。依頼主に図面も見せずに施工をし、工事中も一度も経過観察をさせないなんてことは考えられない行為です。

また、完成した物件も見た目やインパクトばかりを重視して、機能性が考えられていないものばかり。撮影も、テレビ栄えのする映像を撮るために職人さんの手を止め「こんなふうにしてほしい」と作業を指示されるようで、実際に工事をした職人さんからは効率が悪いと愚痴を聞きました。

番組はあっと驚くような番組を作れて満足、匠は自分の作品を世に広め名を売ることができて満足でしょうが、そこへ住む住人こそが主役であることを考えてほしいものです……。

また、タレントが家をリノベーションする番組も最近はやっているようです。インテリア程度を自作するのは愛着もわいて素晴らしいことだと思います。しかし、家の基礎部分にコンクリートを流し込んでいる映像を見てびっくり！　DIYを超えて構造体まで素人がいじるのは絶対におすすめできません。よく勘違いされていますが、コンクリート自体に強度はありません。コンクリートに鉄筋を入れて初めて耐震性などが生まれます。その鉄筋も、一本でも入れる場所が違えば初めからやり直しになるくらい精密なもの。番組ではプロの厳しい監修の元で撮影が行われているはずだと信じるのみです。

ワンポイントアドバイス

建築屋さんが教えてくれない大事なこと

今まで携わってきた数多くのリフォームやリノベーション。100件あれば100通り。決して同じ家はありません。ぜひ素敵な住まいを実現して幸せに暮らしてもらいたいという思いでいっぱいです。

ここでは、建築屋さんが教えてくれない、見落としがちな大切な個所や、おすすめの設備、選び方のポイントなどをご紹介していきますね。

配管付近に「点検口」を

昔の住宅は、床下収納を外したり、畳を上げて下地の板を外したりすると、すぐに床下にもぐりこむことができたんです。押入れの天井の板も外すことができ、天井裏の点検も比較的簡単に行えました。

しかし、最近の住宅はそういったことがほとんどできません。床下を点検したい時は床を部分的に壊すしか方法がないのです。そのため、リフォームやリノベーションの際には、隠れている配管付近に床下・天井裏の点検口を設置することをおすすめしています。点検の重要さについては、186ページの「住宅のお手入れ」でお話しします。

昔の家には少ない「コンセント」

第一章の「中古住宅の問題点」でもお話ししましたが、昔の家は、コンセントが圧倒的に少なくなっており、自由に家電を配置しようとすると、タコ足配線になりがちです。無理矢理電源を増やすのは危険！　絶対にしてはいけません。

リフォームやリノベーションの際は、家電レイアウトに合わせて新しく配線を通し直してコンセントを増やすことをおすすめします。

「レンジフード」だけは贅沢に！

最新のレンジフードはお手入れのしやすさが段違いです。数万円グレードアップすることで、掃除の手間が省けてストレスフリー。少しいいものを選ぶのがポイントです。フィルターレスやガスコンロとの連動機能や常時換気機能付きなど、キッチンは安価なもので妥協しても、レンジフードだけは贅沢に！　お客様にいつもお伝えするアドバイスです。

「ガスコンロ」か「ＩＨヒーター」か

ガスコンロかＩＨヒーターか、悩ましいところですね。どちらにも、メリット・デメリットがあり、実際に最後まで悩むお客様が多いところです。

初期費用については、ガスコンロのほうが少々お安い感じですが、機能充実タイプの高級品になるとほぼ変わらない。お料理の種類によってはガスのほうが良いことも。加齢により、衣類への着火が怖いからとＩＨに変えるという方も少なくありません。

そこでアドバイスです。キッチンを入れ替えるタイミングで、ガス配管と電気配線両方とも行っておくこと。生活スタイルによりどちらもＯＫ！　いざ、ＩＨにしたいと思っても、分電盤からの専用回線が来ていないとちょっと厄介なんです。親切なマンションなどは、最初からどちらも使える仕様になっています。

それから、ガスコンロやＩＨヒーター下のグリル部分。絶対に水なし両面焼き機能がおすすめです。お手入れストレスが断然違う重要なアイテム。最近、「家でお魚は焼きません」というお客様もいらっしゃるのですが、今は魚だけではないのです。肉類がジューシーに焼けたり、パンやクッキーも焼けたりする。ダッチオーブンを使えばお手軽に本格料理だってできるんです。ワイドグリルで匂いだって残らないよう進化しています。オートメニューだって使いこなせば、立派なシェフ顔負けの時短料理ができるんです。ガスコンロ&ＩＨヒーターと合わせてグリル部分はしっかりと検討すべきアイテムです。

キッチンにも「床暖房」を

リビングに床暖房を入れる工事はもはや一般的ですが、キッチン前の動線スペース（立って作業するところ）にまで入れようという発想はあまりないようです。しかし、長時間立っているキッチンにこそ床暖房は最適！　キッチン部分の床暖房を増やしてもそこまで費用は掛かりませんので、おすすめします。ぜひ、畳1枚分程度の贅沢を。冷えに弱い女性には絶対におすすめですよ。

「内窓」はガラスの性能を理解して

内窓は、防音や断熱、結露対策に驚くほどの効果を発揮します。記憶に新しいところでは、住宅エコポイント。かなりのブームとなりました。しかし残念なことに、大切な情報が抜け落ちた結果、その快適さの恩恵を受けていないお家が多いのも事実。「内窓入れたけどあまり変わらないわよ」。そんな声もお聞きします。

大切なのはガラスの性能。ガラス性能をきちんと理解しないと、せっかく内窓を取り付けしても効果は半減してしまいます。内窓を販売しているメーカーショールームに足を運んでみてはいかがでしょう。お客様体験ルームがありますので、ぜひガラスの違いを体感してほしいのです。本当にびっくりしますよ。残念なことに、その大切なガラスについて、きちんと説明していない業者さんが本当に多いように思います。

予想外の騒音を内窓が解決

ＪＲの線路沿いのマンションに住んでいるお客様からご相談がありました。

電車の音がうるさいのは覚悟していたものの、そのマンションは線路の継ぎ目でスイッチが切り替わる場所にあったため、想定外の特殊な甲高い音に悩まされているとのことでした。

ネットやホームセンター、チラシなどで、色々な内窓を見ることができますが、金額ばかりが強調されていて、一番大切なガラスについてはあまり説明されていません。このお客様については、提案したガラスで内窓取り付けを行った翌日、早速連絡が入りました。「びっくりしたよ。

こんなに効果があるなんて思わなかった、ありがとう！」
金額や外見だけに惑わされず、目に見えない性能についても考慮することが大切です。

「家具家電のサイズ」は余裕をもって

見落としがちなポイントとしては、冷蔵庫や洗濯機、家具などの大きさです。サイズぴったりだと思っても、ちょっとしたでっぱりが引っかかって入らないということはよくあります。電化製品は、取扱説明書に左右何センチの余裕寸法が必要ですという記載がありますので、必ず確認しましょう。細かいお話をするならば、壁から壁までの距離が60センチとします。でも壁の下を見てください。その壁と床との接続部分には、巾木（通常壁から1センチ弱出っ張っている）というものが存在します。したがって、壁から壁までの実際の寸法は、60センチから2センチを引いた寸法となるのです。必ず、余裕をもった計算が大切になってきます。

また、搬入経路も考慮しましょう。特に回り階段（らせん階段）は、よほど余裕がないと曲がり切れません。入らなければ、クレーン車で吊り上げて窓から入れることになり、4～5万円の費用がかかります。「なんとなく入りそう」はご法度です。

「便器・浴槽」はショールームで体感を

便器に座った感覚は人によって違います。お尻に触れる部分の丸の大きさ・水の勢い・水の出方すべてメーカーごとに違い、合う・合わないは、人それぞれ。毎日使うものですし、特に疾患を抱えている方にとっては、便器の使い心地は重大です。特に男性はそのこだわりが強いように思います。ショールームで実際に座り、体感をしてから便器選定をすることをおすすめします。

同じように浴槽も好みは人それぞれ。ショールームで実際に入ってイメージしてみると、完成時のギャップが少なくなるでしょう。実際に足を伸ばした感覚、浴槽の深さの感覚は、その人にしかわかりません。ぜひ、体感してみてくださいね。

やっぱりもったいない！

80歳代の生真面目なご主人とおだやかな奥様から、お風呂のリフォームをご依頼いただきました。お掃除が楽で広々と入浴タイムを満喫したいというご要望で、細かいところまで綿密に打ち合わせをし、無事工事完了。待ちに待った広くてきれいなお風呂をいざ沸かしてみます。すると、以前より湯量が必要だということにご主人が引っかかってしまいました。もちろん、あらかじめ説明済みで納得して工事したはずなのですが、実際にお湯をためてみるともったいないという気持ちになってしまったのです。毎月の水道代に影響が出ることも気になり始め、せっかくゆったりお風呂にしたのに半身浴で入浴すると言いだして、大慌て。

結局、奥様の「広くしたんだから湯量が増えることは当たり前でしょ」という姿勢に、なんとか気持ちを切り替えてくれたご主人。今ではそのご夫婦と笑い話になっているので一安心ですが、どんなに理解しているつもりでも、実際目の前にしてみるとイメージと違ってしまうことがあるのだと実感したケースでした。

「フローリング」は実際に踏んでみる

マンションの場合は床衝撃音回避のためにクッション材の張ってあるフローリングを使わなければいけないのですが、その踏み心地も人によって様々。沈み込む感覚がいい人もいれば、固い感覚を希望する人も。メーカーによって、その微妙な違いがあるものです。実物を実際に踏んでみることは必須です。サンプルを手で触ることはされても、実際に踏んでみることをすすめる建築屋さんは少ないようです。ぜひ、その要望を伝えてみてくださいね。大きなサンプルを用意してくれるはずですから。

また、マンションの管理規約によって、使えるフローリングの遮音等級L値が違うということ。一般的には、L値45という等級ですが、最近は、より高性能なL値40という商品を指定しているマンションもありますのでご注意を。

「クロス・外壁」は第一印象で

よくあるカタログで見るクロスや外壁の見本は、数センチ四方の小さいもの。一般的に、小さいほど色が濃く見えるので、そのイメージで決めてしまうと失敗する可能性が大きいのです。ショールームで実物を見られない場合は、必ず大きめの見本を用意してもらい、壁にあててみてください。お客様によっては、クロスの見本を50枚ちかく用意してほしいというご要望もあるくらい悩まれるところ。

そんな時は、アドバイスしながら絞り込む作業を行うのですが、ここでポイントをお話ししますね。第一印象で、これがいい！　と感じたものに決まる確率が非常に高いのです。悩んだあげくに決めた商品ほど後悔が残る！　「自分が思っていたイメージと違う」と言ってやり直しをするお客様がいますが、やり直しは費用がかかる上、スケジュールもずれ込みます。直感を信じてイメージを膨らませてみてはいかがですか？

また、クロスについては同じ製品、品番だとしても、製造工程のロットが違うと微妙に色の差が出るもの。わずかな差ですが、ロットの違うクロスが隣り合っていれば気になってしまう場合もあるので、追加注文は避けたいところです。慎重に検討しましょう。もう少し付け加えるならば、クロスはお部屋の照明によって見え方・感じ方が異なるということ。ショールームだけで確認すると、こんなはずではなかったという後悔を口にされる方がいらっしゃいます。カーテンやファブリック類もそうですね。

最終決定は、ご自宅で現物を見ながらをおすすめしています。

「換気」を怠るとすぐにカビが！

高断熱気密住宅は一見するとグレードの高い優れた住宅だと感じます。

しかし、リフォームやリノベーション工事を終えてから締め切った状態に10日間ほどしただけで、新しい畳にカビが！　なんて状態に遭遇したこともあります。特に、内装工事でクロスを貼り替えした場合、完全に乾いて落ち着くまでには1カ月はかかります。ぜひ、いつも以上に気を付けてくださいね。

空気の入れ替えはとても大切なので、給気、排気を意識しましょう。家全体の給気量と排気量は同量が基本です。マンションなどで、冬場は給気口を閉じてしまう方が非常に多いと感じます。その場合、冷気を感じにくい給気口に変えてあげるだけで空気の流れを閉ざさず快適に。工夫次第です。

安心安全を叶えるためのものが「照明」

時代と共に変わっていく住まい方。すでにLED照明に切り替えて生活されている方も多いと思います。蛍光灯・白熱灯とLEDとは、そもそもの発光方法が違うのですが、お客様からよく聞くのは、LEDにしたら暗くなったという話。

リフォームやリノベーションを行う場合、照明計画はその空間演出が成功か失敗かを左右する重要なもの。お部屋の面積や天井高、用途によってかなり変わってくるのです。日本人は、まだまだ1室1灯が主流ですね。

ここでご提案ですが、補助照明を取り入れるということをぜひ選択肢に入れていただきたいと思うのです。必要な個所に必要な明かりが基本。

また、歳を重ねれば夜中のトイレも頻度が上がるもの。トイレまでの動線は必ずセンサー付きが基本です。明かりはたくさんの演出効果でお部屋のイメージアップに繋がるアイテムですが、それよりも大切な「安全安心を叶えるためのもの」でもあります。ぜひ、一日の過ごし方を想像して適切な照明計画を。

「バルコニー」は水対策を万全に

現状の建築基準法では、バルコニーとお部屋との高低差を十分とるように決められていますが、古いマンションの場合、その高低差が小さい場合があります。そういった建物は、最近の異常な大雨で部屋に雨が侵入し、床上浸水を起こすことがあるのです。サッシ下の水抜きを増やすことで解消できることもありますから必ずチェック。

また、バルコニーには、必ず雨水の流れていく水みちや排水口が設置されているので、こまめに清掃することをおすすめします。意外と多く発生する、枯葉や洗濯物から出る繊維カスが詰まってオーバーフローしてしまうというアクシデントも、ちょっとした意識で避けられることだと思います。

また、ルーフバルコニーを憧れて設置したものの、上がるのが面倒になってあまり使っていないというケースをよく聞きます。雨漏りしやすいという噂がありますが、あまり使わなくなると劣化に気付きにくくなり、その結果修繕しそびれて雨漏りを引き起こしてしまうのです。使っても使わなくても、メンテナンスは必要です。

過去最強のクレームモンスター

あるご婦人の夢は、童話の中のお姫様の住むお城のような、両開きドアのあるベランダ。

「その夢がこの物件ならリノベーションによって叶いますよ！」と、ろくに調べもせず適当なことを言う不動産屋さんの口車に乗せられて中古住宅を購入しましたが、私が実際に調べてみるとそこには法律の壁。防火性の面でも、メーカーからの回答はＮＯ！

思い描いている形にできないと知ったご婦人は、あからさまに不機嫌になってしまいました。私も最善を尽くしてイメージに近づくようなプランを色々と出したのですが、一瞥してポイっと投げ捨てられる始末。

なんとか妥協していただき工事が始まったものの、そこから嫌がらせが始まりました。連日届く脈絡のない嫌味のメール。理不尽な文句。足場を組んで作業しているある日、突然冷蔵庫を搬入しようとしだして「邪魔だから足場を今すぐ外せ!」という無茶な要求。「雨の日にポストから郵便物をとると濡れる!」という当たり前のことに難癖をつけ、完成後にはホームインスペクションの業者を入れて、ほんのわずかな床の傾きにいちゃもんをつけだしました。

夢が形にできず落胆した気持ちはよくわかるので、ご婦人の気持ちを逆なでしないように、冷蔵庫搬入のために足場は外し、ポストには手作りの屋根をつけ、床のほんの微妙な傾きも直しました。それらはすべて無償で行ったにもかかわらず、ただ一言の感謝の言葉すらなかったことに、身も心もすり減ってしまいました。

悪いことは重なるもの。外壁塗装の下地工事をしていた時のことです。当然、足場の周りにはシート養生をしていたのですが、たまたま強い風が吹いて研磨した埃が舞ってしまい、お隣の車にかぶってしまったのです。後日、お詫びに伺ったのですが、烈火の如く怒られたことを思い出します。こちらがいけないので、ただただ申し訳ないと頭を下げたのですが、一度スイッチが入ってしまうと気持ちがこじれて、何でも気にくわなくなってしまうお客様心理に困惑した辛い経験です。

問題が起きやすい「隣との間」

戸建住宅の場合、民法では隣地から50センチ以上離れないといけないことになっていますが、昔の建物は境界ギリギリに建っているものもあります。お隣さんが親から家を引き継ぎ、今更そのことに文句をつけ裁判に持ち込まれてしまったというケースも耳にしたことがある、非常に繊細な問題です。

また、隣と接している壁を補修しようとした時、お隣さんに「1ミリも入ってくるな」と言われてしまって補修できないことも……。近所への挨拶やリサーチは大事ですね。特に増築をする場合は、必ず隣地との兼ね合いを考えて行うこと、事前にお伺いをたてることをおすすめします。

困った隣人たち

都心部は土地代が高いため、建蔽率や容積率ぎりぎりで建てたいのがお客様の心情です。請け負ったある工事でも、ぎりぎりの面積で確認申請を通しました。しかし建築途中、裏の土地を買った方が数カ月遅れて新築を建てることに。しばらくして、クレームをつけ始めました。

ギリギリにしてもらっては困る、バルコニーを下げてほしいという隣人の要望をお客さんと協議した結果、近隣でもめたくないとのことでしたので、一度完成したバルコニーを解体し、再度役所と協議して造り直しをしました。

また、別の新築現場では裏の家から「建物が高すぎる」とのクレームが入りました。これはあきらかに言いがかりであったので、菓子折りを持参して説明にあがりお話を伺いました。その家は平屋だったため、日が当たらない場所が出てきてしまったとのことです。着工前にも説明には伺っているのですが、建ってからこういったクレームが出ることも。

また、ちょっと変わり者の近所でも有名な隣人がいたお宅での工事のこと。工事に入る前にお隣にご挨拶に行くと、こんこんと注意事項を説明され、さらに工事中はカーテンの隙間から作業内容を細かにチェック。足場材料を運んだり組み立てたりの作業だったので、長いものを運ぶ際に敷地ぎりぎりを通過することも。ほんの一瞬でもお隣の敷地に入りそうになれば大声でクレームをつけてきます。職人さんは連日ひやひやです。

また、以前新築をした別のお客様のお話。「隣に新しく住宅が建つんです。困ったことに、窓を開けるとすぐ前には、キッチンの換気扇の排気口。すごいストレスなんですがどうしたらいいですか」という相談が入りました。建築途中だったため、隣の建築屋さんに正直に話し、誠意ある対応をお願いするというアドバイスをさせていただきました。

近隣の目はシビアで、自分のテリトリーを脅かす厄介者という感覚や、新築住宅に対するやっかみを持つ方も少なくありません。より繊細な近隣対策が必須です。

インテリアコーディネート

インテリアイメージの共有が大事

リフォームやリノベーションを考える時にとっても重要になってくることは、インテリアのイメージですね。

ここでは、すこしインテリアコーディネートのアドバイスをお話しさせていただきます。インテリア雑誌などを見ると素敵なお部屋がたくさん紹介されていて、あれもこれもと悩むもの。二章「まずは建築屋さんの違いを知る」の最初にお話ししました「家族間での話し合い」の中で、必ず思いを共有していただきたいことがこのインテリアイメージです。

実はこのイメージのすれ違いが、打ち合わせを進めていく上で大きな問題に発展することもあるのです。時には喧嘩まで起こる重大な課題。そしてインテリアイメージがより具体的なほど、打ち合わせもスムーズに進むものなのです。

●モダン

白をベースに差し色は無彩色というスタイリッシュな空間となります。都会的な洗練された空間というイメージが強く、少し冷たい感じがあるので、居住空間を演出する場合の多くは、モダンの中に和やナチュラルな感性をミックスして温かみを出すことが多いのが特徴です。シンプルモダンやナチュラルモダンなどが一般住宅では人気。ポイントは、アクセントカラーの取り入れ方。質感や形にこだわることで、都会的になるか温かみを演出するかが分かれ道となります。

●ナチュラル

温かみを感じる自然なスタイルで、天然木の使い方がポイントです。白とベージュのコントラストに観葉植物のグリーンをあしらい、温かさと自然感を演出します。アクセントには、天然素材の小物や家具。原色ではない淡い色のファブリックが合うスタイル。カーテンの選び方もポイントで、シアーの透け感など太陽光を取り入れる演出も素敵です。

●シンプル

ナチュラルよりも木の質感は主張しないスタイル。シンプルだけでは物足りなさが残り、中途半端なイメージに陥りやすいため、都会的なモダン寄りのシンプルさなのか温かみを大切にしたナチュラル寄りのシンプルさなのかが分かれ目です。素材の使い方によって大きく変化するスタイルです。

●北欧

最近はかなり人気があるスタイルです。天然木をセンスよく取り入れて、白を基調としてアクセントカラーを少し大胆に取り入れた空間演出。北欧伝統柄などをあしらって上質にアレンジすることで様々な楽しみ方ができるスタイルです。北欧家具は、どこでも人気商品のため、選択枝も多くアレンジが多種多様です。

●フレンチ

白を基調にした女性に人気なスタイル。ピュアホワイトをベースにすればモダンに、レンガとアイボリーホワイトとの組み合わせにすればかわいらしいカントリー調に。家具の合わせ方と差し色が決め手。ペイントの風合いで見え方が変わります。

●アジアン

茶色を基調とし、天然素材をアクセントとしたスタイル。ラタン家具を生かしてリゾート感溢れるテイストは人気があり、アジアン小物も多種多様です。アジアでも、どこの国のテイストが好みかによって差し色が変わります。

●アーバン

一言でいえば都会的スタイル。モダンスタイルに近い感覚ですが、あくまでもガラスや金属でできた家具などをシンプルに取り入れたイメージです。白よりはグレー色のトーンの使い方によって見せ方が変わります。インテリア小物などはなるべく避け、すっきりとした空間スタイルです。

●クラシック

ヨーロッパの伝統スタイル。重厚感ある空間の中に、重々しい家具を配置することで、格式と伝統を表しています。トーンを落とした空間の中に、素材にこだわったカーテンや小物。すべての相乗効果で雰囲気が造られます。

最後の仕上げは感性

ごく一部の基本的スタイルをご紹介しました。この他、ビンテージを生かしたブルックリンスタイルは最近人気があります。黒やアイアン素材を使ったニューヨークスタイルは、少し前に注目された男前インテリア。必要最小限の家具だけを残しインテリアカラーも極力シンプルにというミニマリストモダンや、カントリースタイル、カフェスタイル、アメリカンスタイル、ラスティックスタイルや、当然和風スタイルも人気です。

色々なスタイルがあり混乱してしまいますよね。特に最近では、各スタイルの融合で呼び方にも様々ありますから、スタイル名で覚えるのではなく写真でお気に入りを保存しておくことがいいかもしれません。実際の打ち合わせの時に写真からイメージが湧いてくることも多く、感性も共有できるのでおすすめしています。アクセントカラーの使い方のヒントにもなります。

あれもこれもとインテリアにたくさんの希望が湧いてきますが、いいとこ取りしたオリジナルスタイルはぜひ取り入れていただきたいところ。決め手は、「素材」「質感」「フォルム」「カラー」です。

空間を演出する場合、特に異質素材の融合がトレンド。発想は自由です。現在お持ちの家具との相性もあるでしょう。思い切って新しいソファを買ってみる！　なんていうチャレンジも成功の秘訣。

リフォームやリノベーションの最後の仕上げは、ご家族の感性がポイントだということをお伝えしておきます。

住宅のお手入れ

工事が終わってからが本当の付き合い

体のメンテナンスと同じように、家もメンテナンスが必要です。

定期的にメンテナンスしていくことが、家を長持ちさせる秘訣です。「家」には、いつどうやって建てられたのか、どうやって住まわれ、どうやってメンテナンスされてきたのか、一軒一軒ストーリーがあるのです。そのストーリーを読み解き、適切な時期に適切なメンテナンスをアドバイスくれる専門家を「ホームドクター」と呼んだりしていますね。

昔は、地元の工務店がその地域一帯のホームドクターの役目を担っていました。家の悩みを相談すればすぐに対応してくれて、情報は頭の中に全部記憶されているので図面を残していないなんてことも。

しかし大工さんの高齢化や世代交代によりそういった文化は廃れていき、ネットで知った建築屋さんにその場一回限りの工事を依頼しているのが現状の大半です。

本来はリフォームやリノベーション完成後も工事を担当した建築屋さんにホームドクターを務めてもらうのが理想です。その工事のことをよく知っているのは、やはり担当した建築屋さんだからです。ですから工事が終わってからが建築屋さんとの本当の意味での付き合いがスタートするのではないかと思うんです。ホームドクターとして負う責任は重いのです。

では、点検サイクルの目安はどのくらいでしょうか。場所ごとにあげていきます。

●外壁・屋根

メンテナンス時期：10〜15年

腹積もり費用：外装１００万〜２００万円（塗装グレード、面積、工法による）

屋根50万〜

チェックポイント：ヒビ・塗装劣化・破損などチェック

戸建住宅の場合は、自分で外壁・屋根のメンテナンスをしなくてはいけません。

外壁は、ヒビが入っていたり、窓などのサッシ回りのゴムがやせてカチカチになっていたりしたら、メンテナンスが必要です。また、壁を手でこすってみて白く粉がついたら、それは白化現象といって塗装が機能していない状態です。防水処理は10年でかなり劣化し、雨漏りにつながります。

注意していただきたいのは、面によって劣化状況が異なるということ。じめじめした北面はカビが生じやすく、紫外線が多く当たる面では、ゴム状の目地シール（コーキング材）の劣化が早いのです。

タイルの張ってある外壁は、固いものでタイルを叩いてみると、浮いているタイルは軽い音がします。お風呂などの壁に張ってあるタイルも同じように調べることができます。

外壁の修繕は足場を組む必要があるので、同じように足場が必要な屋根と同時にメンテナンスをすると、余計な費用がかかりませんので、セットで行うことをおすすめします。

●基礎・構造体

頻度を増す異常気象、頻発する地震。家にとっては軽視できない災害が増えている昨今、家自体がしっかりしているのか、心配ですよね。基礎部分のヒビや家の傾きなど、以前に増して気に掛ける習慣が大切です。

床下については、シロアリという厄介者が現れます。床下の換気については、特に気をつけていただきたいところ。床下に開いた換気口を、物でふさがないようにする気遣いが必要です。

ローラー作戦に気をつけろ！

「ご近所で工事をしますので、その挨拶に伺いました」

そう言われたら疑うことなく大半の人がドアを開けてしまうでしょう。

しかし、その時にこう言われたら要注意です。

「お宅もそろそろメンテナンスの時期ですね」

隣近所でなら資材を引き上げる手間なく工事できてしまうので、業者にとっては移動経費が浮くのです。そのため大げさに不安をあおって契約をとろうとする悪徳業者がいます。床下にカメラを入れて腐った柱の状態を見せつけられたが、実際のところは、それは他の家で撮ったビデオだった、なんて事件もありました。

リフォームやリノベーションに訪問販売法が適用され、クーリングオフが使えるのは、悲しいことにこうしたトラブルが絶えないからなのです。

床下、天井裏はなかなか自分で確認するのは難しいですね。それらの点検も含めて、およそ10年に1回のサイクルで、家全体のチェックをホームドクターに依頼することをおすすめします。その際、「ワンポイントアドバイス」でお話しした通り、点検口があると便利です。

めまいのする家

あるお宅にリフォームの依頼を受けて行くと、入ったとたんに平衡感覚が狂い、めまいのような症状が。家の基礎が傾いている！　と直感でわかります。床下に潜ってみてびっくり。車のタイヤを交換する時の要領で、柱に器具をつけてジャッキアップされていたのです。柱はシロアリの餌となりボロボロ状態。

どうやらすでに亡くなっている家のご主人が昔、柱が腐っているのに気づき、独自の方法で対処していたようです……。開けてびっくりなんとやら。とても恐ろしい光景でした。

マンションの場合、外壁や屋根やベランダは共有部なのでマンションで修繕することになりますが、自分に管理組合の役員が回ってきた時は修繕計画を管理しなくてはなりません。皆さま、頭を悩ませているようです。

外壁や屋根のメンテナンスを怠ると

家の大敵はとにかく水です。メンテナンスを怠っていると、そこから雨水が侵入し、木材は腐り、コンクリートは中の鉄が錆び、破裂してしまいます。そうなってから修理をしようとすると大掛かりな工事になり、多額の費用がかかってきます。

また、家のトラブルの大半である雨漏りは、原因の追究が大変困難です。雨は屋根からだけではなく、壁からも入ってきます。入ってきた水は家の勾配を辿ってくるので、雨漏りしている真上から漏れているとは限らないのです。予想される個所にあたりをつけては直し、次の雨まで待つ、という、一つ一つ原因の可能性をつぶしていく方法をとるしかありません。

マンションの場合は、上の階のベランダやサッシなどを調べなくてはいけません。天井裏の雨漏りが原因で漏電すれば、最悪は火災につながる危険性も高まります。

外装のメンテナンスを怠ってしまうと怖いリスクがあるということは、ぜひ知っておいてください。

点検を怠ったツケ

都内一等地に居を構えるお客様から連絡があり、水道局からの報告で、どこかで水漏れを起こしているらしく、水道メーターが異常な数値を示しているといいます。

すぐに駆け付けて室内を点検しても、それらしき箇所は見当たりません。こうなるとメーターBOXから地中の中の配管すべてを掘って確認しなければわからないので、費用もいくらかかるかわからないのが現状です。さっそく目星をつけて地中を掘り点検作業を行ったところ、この時は運よく探り当てて少額費用で管の交換ができました。

同じような水漏れの現場は数件あり、共通点は建ててから年数のたった住宅であるということ。地中の水漏れは本当に手探りであるため、費用が読めません。意外と多い事故なのです。

設備のメンテナンス

10年がひとつの目安

設備については、メンテナンスをしていなくても建物自体に大きなダメージはありませんが、メーカーの部品保有年数は10年ほど。古すぎると部品がないということもあります。10年過ぎればいつ壊れてもおかしくないと考えておきましょう。

●キッチン

メンテナンス時期：10〜15年
腹積もり費用：80〜200万円（ただし、キッチングレードや工事範囲による）
チェックポイント：水漏れ・異音悪臭振動などには要注意・収納扉開閉異常

年数に応じて汚れは目立ちますが、日々管理していれば20年でも使えます。

ただし、水栓・レンジフード・コンロ・食洗機などの機器類は10年前後が交換時期。腰への負担が大きいキッチンカウンター高さの不満や低収納の不満も交換動機となります。また、普段しっかりとお掃除していてもどうしても劣化していくガスコンロのゴトクやグリルの部品など。本体を変えるとなると勇気がいります。そんな時は部品だけでも交換することで気分がすっきりするもの。すべての部品は交換できるということをぜひ頭の片隅に。また、安心センサー搭載が義務づけされた2008年以前に製造されたガスコンロには、安心センサーが付いていない可能性が大だということをお伝えしておきますね。

●浴室

メンテナンス時期：10〜15年
腹積もり費用：80〜200万円（ユニットバスか在来浴室かで工法が異なる）
チェックポイント：カビ・水漏れ・水栓金具・身体への危険度・鏡の腐食・シーリング材の劣化

キッチン同様、気を付けていれば長く使えます。浴室は商品グレードの幅が大きく、値段もまちまちです。浴室全体を交換すれば、やはり100万円以上はかかってしまうものですが、こまめに悪いところだけを修繕するという方法を取ることでいつまでも使い続けられるものです。ユニットバスならば、その製造メーカーのメンテナンス会社がほとんどの部品を交換してくれますので、早めに連絡を。在来工法（タイルの壁に浴槽設置）のお風呂の場合も、部品交換やメンテナンス次第で長持ちします。

ただし、ユニットバスとの決定的な違いは断熱性。ニュースにこそなりませんが、ヒートショックで命を落とされる方は驚くほど多いのが現状です。もし、浴室をリフォームしたいと思うなら、できればユニットバスを検討されてはいかがでしょうか？　毎日のお掃除だってかなりのストレス。ユニットバスにすればそんなストレスは解消します。

●洗面台

メンテナンス時期：10〜15年

腹積もり費用：20～50万円

チェックポイント：陶器ボール・鏡のひび割れ・水栓金具の不具合・収納扉破損

最近の洗面化粧台は、バリエーションも豊富。洗面化粧台として造られたセット品から、ボール、カウンター、収納部分と単体商品をアレンジして造るオリジナルまで。要望は様々です。特に最近問い合わせが多いのは、陶器でできた洗面器の破損。ボール部分はさすがに補修という訳にはいきませんので交換となります。その原因は、つい落としてしまう化粧品やボトル類なんです。

そこでおすすめするのは、人造大理石製ボール。割れないという利点と、傷がついたら研磨という方法で修復ができること。デザインについては好みに合わせていいと思うのですが、ボール部分には気を付けたいところです。

それから、洗面台で使用する水栓金具。最近はキッチン同様、先端を引き出すタイプが多くありますね。シャンプードレッサータイプには必ずついているのですが、化粧台下箱の中に水受けトレーが付いているかを確認してみてください。先端を引き出して戻す動作で、水がホースを伝って流れ込むんです。その水を受けているトレー。たまに、それが満水となり、内部が濡れて腐ってしまうという現象が起こるのです。

●便器

メンテナンス時期：10～15年
腹積もり費用：20～50万円
チェックポイント：小水飛散による匂い・水漏れ・排水異常

ウォシュレットの不具合は、8～10年で発生することが多いです。

便器については、ワンポイントアドバイスでもお伝えしましたが、もし、交換をするならば、座ってみることをおすすめします。

大量に水量を使う便器を使っていた方で、最近主流の節水型便器に交換して起こすクレームは、流れが悪いということです。実際には、流す原理が根本から違う構造になっているので水量を必要とはしないのですが、どうも不安が大きいようです。各社ショールームに行かれると、そこで入るトイレには新しい便器が設置してありますので、ぜひ水量のチェックも行ってみてほしいのです。もし、新しい便器をつけてどうしても不安もしくは今困っているという方は、水量を調整する方法がありますので、ぜひ各社メンテナンス会社か工事を行った設備業者さんに問い合わせてみてくださいね。

「水回り工事は高額だ！」。たぶん皆さまが考えていることでしょう。実際そうなんです。面積は狭くても、大工さん、水道屋さん、電気屋さんが入り、商品自体も高額になってきます。お伝えしたように、家の修繕計画がしっかりできていれば、水回りの工事をまとめて行うことができます。個々に行う工事に比べてトータルでは断然安くて済む。そのためには、計画的に資金を貯めることが大切ですね。

トイレの詰まりで20万円!?

ある時、「トイレにものを落として詰まらせてしまったのでテレビで見たことのある業者さんに依頼したら、20万もの見積もりを出されてしまった」なんて相談がきました。駆けつけて処置してみると、わずか5万円の修理費で修繕することができました。

水のトラブルは焦ってしまうので、そこに付け込んで高額な費用を請求するというのはよくある話です。そんなことも気軽に相談できるような身近なホームドクターがいると安心ですね。

●給湯器

メンテナンス時期：8～10年

腹積もり費用：10～40万円（機種により大きく違う）

チェックポイント：異音・高温

床暖房対応か、高効率機種かで大きく価格が異なります。故障すると突然止まり、お湯などが使えなくなりますので、早めの交換が重要です。

大晦日の緊急事態

大晦日の朝、あるマンションに住むお客様から入った1本の電話。「突然、給湯器が止まってしまい、お湯が出ないんです」。絶句です。

大晦日はメーカーは休み。メンテナンスを手配しましたが、どうやら本体が壊れてメンテナンス不能。そろそろ交換を考えていた矢先の出来事でした。そのマンションの給湯器は、床暖房対応型。オーダーしても3週間はかかります。困りました。結局先にオーダーしていた別のお客様に事情を説明して譲っていただいたのですが、その工事も正月明けのこと。数日はお風呂にも入れず大騒動になってしまったエピソードです。

冬場の給湯器の故障は突然やってくる！ 教訓です。

●火災報知器

メンテナンス時期：10年

東京都が2006年（平成18年）に全国で義務化した火災報知器の設置。その交換目安は10年です。マンションの場合は、連動型になっていたり年1回の循環点検があったりするのですが、戸建住宅の場合は自己管理が基本です。忘れていませんか？　大切な命を守るもの。しっかりと確認されることをおすすめします。

●内装

メンテナンス時期：10～20年
腹積もり費用：内容による
チェックポイント：フローリングの場合は暖房状況

一概に内装といっても、空間を構成している内装すべてを含みます。フローリングであれば、傷や変色が気になった場合、リペアという方法で再生させることができるのです。およそ4～5万円程度とリーズナブル。

もし張替となれば、大ごとですよね。マンションか戸建住宅かによっても違いますが、

6帖間で20万円ほどは覚悟しないといけません。

壁や天井に貼ってあるクロスについては、目地が割れてきたり剥がれてきたりしなければ、20年だって大丈夫。気分一新貼り換えたい場合は、6帖間でおおよそ6万円程度。いつもきれいな空間で過ごしたい、そんなご要望には機能性クロスがおすすめです。空気を洗うクロス、調湿型クロス、抗ウィルスクロス、耐久性にすぐれたクロスなど、場所や用途によって様々な商品がありますから、しっかりとプロの方に相談されることをおすすめします。

最近見直されてきているのが畳です。い草にこだわるか、エコにこだわるか、それともヘリなしでモダンに室内を演出か？　悩ましい畳ですが、1帖分を作り変えると1〜2万円ほど。

金額だけではなく、ぜひ手に取ってしっかりと確認することをおすすめします。い草の目や手触りなど、見ただけではわからないということをお伝えしておきます。

●室内建具

メンテナンス時期：適宜
腹積もり費用：5000円～（早めの発見により自分で調節可能）
チェックポイント：開閉・異音

開閉頻度が多い室内の建具。不具合の多くは、丁番といわれる金物の部分。枠と扉を連結している部分ですが、少しずつずれてしまい、ひどくなると開閉自体が不能になることもあるんです。

器用な方は自分で調整することも可能ですが、間違った調整でますますおかしくなることもあるので要注意。そこでアドバイスです。調整前に、ホームセンターなどで売られている「シリコンスプレー」を注入してみてもらいたいのです。それだけで直ってしまうケースもあるくらいすぐれもの。油分を含まないので、べたべたしないスプレーです。一家に1本おすすめします。

●窓回り

メンテナンス時期：適宜

腹積もり費用：内容による

チェックポイント：破損・開閉・結露・ホコリ

窓回りからも雨水が浸透してきます。サッシ回りのゴムがカチカチになっていないか指を押し当てて確認してみることをおすすめします。

●間取り変更

メンテナンス時期：適宜

腹積もり費用：50万円〜

チェックポイント：生活環境の変化

ご家族の成長や住まい方の変化・加齢により、内容・費用は大幅に異なります。目的をはっきりと持ち、余裕をもった計画が成功のカギ。

●エクステリア

メンテナンス時期：適宜
腹積もり費用：門扉交換10万円～、全体200万円前後
チェックポイント：門の開閉・塀の傾き・破損

家を取り巻く外回りは、いつも目につく大切な場所です。適宜チェックを行いましょう。美観が大切な場所である以前に、不具合の種類によっては、大きな事故に繋がる場所でもあるのです。

住宅のお手入れについて、お話ししてきましたが、それぞれの場所を細かくチェックしていくのは、大変な作業だと思います。それを考えるだけでストレスですよね。

そこで、こう考えてみてはいかがでしょうか？

「お家のチェックは10年ごとに行うこと！」

資金計画もしっかり立てられるので安心ですね。

Chapter 05

風水を取り入れた住宅

風水とは

占いではなく環境学や統計学

占いと混同されがちな風水ですが、実は5000年以上の歴史のある「環境学」であり「統計学」。また家の間取りや方位を鑑定する家相も「環境学」であり、先人の知恵が詰まっています。時間も季節も数字で表せない時代から、先人は風水を使って自然と共存してきたのです。

今、全世界で猛威を振るっているコロナウィルスですが、私たちは自然の一部であり、自然に生かされているのだということを眼前に突き付けました。今こそ、「自然の中で生きる」という初心に立ち返り、自然と共存する意識を持つべきだと思うのです。

住宅と風水がなぜ結びつくのか？

ここからは、未来に受け継ぐ幸せな家という考え方をお話ししていこうと思います。

風水と住宅は切り離せない

私は普段リフォームのお客様との会話の中で、必ず「風水」のお話をします。興味のない方は、「へ～!」で終わり。特に男性の方は、「そういえば妻が風水がどーのこーの言ってたな～」くらいなもの。要するに、無関心なんです。たぶん、女性がはまる占いでしょ? くらいに頭の中では思っているのだと思います。

多少なりとも、興味があったり雑誌を読んだりした経験がある方は、「あ～知ってる!黄色いものが金運ですよね!」とか、「玄関をきれいにすればいいのよね!」とか、「私ズボラだからちょっと」など、反応は様々です。一番多い答えは、「鬼門や裏鬼門のことでしょ!」というもの。

「風水」という言葉は知っていても本当のすばらしさまで理解されている方はほんの一握りのような気がします。実際、「風水」と「住宅」の関係性はとっても密接で、切っても切れない仲。しかし、その住宅に関わる専門家でさえその知識といったら乏しいものです。

風水は占いではなく、その昔日本では軍事を司る学問、ひいては都を構築する場所を決めるために活用されたほど重要な学問でもあるのです。

そういったことから話し始めると、たいていのお客様は驚かれるのです。そして目の色がみるみる変わって風水談義が始まり、本題のリフォームの打ち合わせまでたどり着かないなんてこともしばしば。

本当はここでその風水の素晴らしさを最初からお伝えできればいいのですが、風水をいちからお伝えするとお客様との打ち合わせ同様、本題にたどり着きそうもないので、「住宅」に関係したほんのいち部分だけ、非常に簡単にご説明をさせていただきます。

「風水」とは、5000年も前の遠い遠い昔の中国で発祥した「氣」の力を利用して幸せを呼ぶという環境学であり、過去の経験に基づいた統計学なのです。「氣」とは、言い換えれば〝目に見えないエネルギー〟のこと。

つまり、自然界のエネルギーをうまく取り入れて人間を豊かに、そして幸せに導いてくれる、なんともありがたい学問なのです。

風水の「風」は、目に見えない空気の流れやエネルギーの流れ、「水」は自然界に存在する水の循環を意味します。どちらもなくてはならない大切なもの。

そんな自然界と人間が、この地球上で共存していくための先人からの知恵が風水であり、私たちの生活をより豊かなものへと導いてくれるのだと理解していただければ、何かあやしいものではなさそうだということはわかっていただけると思います。

簡単に言えば、良いエネルギーがたくさんあればより幸運に導かれて自然界と共存しながら幸せになっていくということなのです。

次なる疑問は「その良いエネルギーって何？」ということですよね。

三才の観と陰陽五行説

では、「風水」の基本的な考え方を二つお話しいたします。

一つ目は「三才の観」です。

この世は天・人・地という三つの関係で、バランスよく成り立っているという考えです。

「天」＝タイミング

「人」＝自分に自信を持つことや、人への感謝

「地」＝環境

これら三つのエネルギーバランスが幸運に繋がるという考え方です。

そして、風水の二つ目の基本が、陰陽五行説。あらゆる中国占術の基本となっている考え方でもあるのです。

陰陽とは、神羅万象すべてのものは陰と陽に分類され、相反するエネルギーが支え合って存在するというもの。例えば、天と地、太陽と月、昼と夜、プラスとマイナス、男と女……。すべてのものは陰と陽に分類され、その片方だけでは存在しないということがわかります。

そして五行とは、世の中のすべてのものは、木・火・土・金・水（もっかどこんすい）の５つに分類され、それぞれのエネルギーが影響し合い存在しているというものです。

木は成長のエネルギー、火は旺盛のエネルギー、土は生成と腐敗のエネルギー、金はすべてを実らせるエネルギー、水は再び始まる前のじっと待つエネルギー。その五行には、方位・季節・時間・象意などがそれぞれ割り当てられ、そのエネルギーを整え、循環することが幸運に繋がるという奥深いものです。

わたし流幸せ開運7カ条

なんだかよくわからないけれど、相当大きい話のようだな〜と思いませんか？　私も、「風水」の勉強を始めた当初は、頭の中が瞑想状態になったことを思い出します。

では、実際に、幸せになるにはどうしたらいいの？

そんな次なる疑問が湧いてきます。その歴史や思想などがわかっても、あまりにスケールが大きくそして広範囲に渡り、どう実践していいのかがわかりませんでした。

そこで、どうしたら簡単にわかりやすく伝えられるのかを考えた結果、「わたし流幸せ開運7カ条」としてまとめてみました。

その1．身の回りからマイナスのエネルギーを消去（断捨離や邪気）

運は毎日目にするものから運ばれてくると言われています。当然ながら、散らかった空間や壊れている物や不要な物に囲まれていては、気分もすぐれませんね。

それから邪気。邪気とは、住まいで言えば湿気にあたります。じめじめした空間やカビが発生した空間の中では、当然ながら健康被害が起こることが想像できます。

思いっきり大掃除したあとの、なんとも気持ちがすっきりとする感覚は誰しもが経験したことがあるのではないでしょうか。

その2．プラスのエネルギーを取り込む（空間を整える）

好きなものに囲まれていると幸せを感じるという経験をされた方は、非常に多いのではないかと思います。立派な豪邸が運を運ぶのではなく、好きなもので整えられた空間のもたらすエネルギーが、幸運を運んでくれるのです。自然と笑顔が溢れ、ご家族の会話が弾み、わくわくするような楽しい毎日がやってくるのです。

その3．**感謝の心**

今起きているすべてのことには、意味があると考えます。感謝の心とは、過去から繋がっている命や自然・自分を取り巻く人々や事象すべてに対してありがとうという謙虚な気持ちを持つということ。その感謝の心が、幸せに向かう基本であり、その心を持って初めて、人は幸せに生きていけるのだと思うのです。

その4．**ポジティブなエネルギーを満たす行動（笑顔・言霊）**

笑顔の時はとっても幸せな時。逆に、怒った顔や悲しい顔の時は、幸せではない時。「笑う門には福来る」というように、笑顔のまわりにはたくさんの幸せがやってくるということです。

その5．**暦を読み解きパワーチャージ**

先人から教えられた知恵や伝統・言い伝えなどが詰まった時間の流れを単位化し

た「暦」。それを読み解き、より多くのパワーをもらえる行動をすることで、たくさんの幸せが舞い込んでくるのです。

年・月・日からは、生まれ持った自分の性質がわかります。そこから、バイオリズムやその時々の運や吉方位を読み解くことができるのです。そしてその運をその日の吉方位にいただきに行くのがパワーチャージ。吉方位がわかると、お引越しの場所やいつ引っ越すのがいいのかなんてことも解明できるのです。

その6．プラス思考

自信を持った心構え「プラス思考」は、風水に限らず良い結果をもたらすといわれています。成功のイメージをすることで本当に成功へ導かれるという、引き寄せの法則という考え方にも通じます。

すべてうまく事が運ばれるというポジティブな思考。その心構えが、幸運を引き寄せるのです。

その7．**行動力（考えているだけではなく行動する勇気）**

すべては動くことから始まります。考えただけでは、何も変わらない。まずは、自分を信じて動くことです。結果はあとからついてくるもの。行動しなければ、結果すら生まれず、行動を躊躇してしまうという悪循環が発生するのです。

風水という学問は難しいものではありません。人間が自然の中で気持ちよく生活していくための先人からの教えをもとに、生活の基本である住宅という空間を整えることで幸せを手に入れることができるという、いたってシンプルなものなのです。

風水＋住宅＝幸せの基本

では、どうして「風水」と「住宅」が密接な関係かという本題です。

私たちが生きるために大切な「住宅」は生命維持の基本です。その空間に幸運を呼ぶエネルギーが流れていないと、気分がすぐれなかったりいざこざが絶えなかったりと様々な厄介ごとが起こるのです。

先程お伝えした「三才の観」の〝地〟はまさに環境。住宅という生命維持の環境がもたらす運の流れは本当に絶大なものです。自然のエネルギーと生命体である人間との調和。そして、その人間の生を営む基本が住宅であるという理由から、真っ先に整えなければならない場所ではないでしょうか？

ぜひ風水という学問を取り入れて、たくさんの幸運を感じてもらいたいと心から願っています。

間違えやすい「風水」と「家相」

鬼門・裏鬼門は風水ではない？

お客様に風水のお話をすると、まず初めに質問されるのが鬼門と裏鬼門のこと。

そもそも「風水」には鬼門と裏鬼門という考え方は存在しないと言われています。風水は、地理的な環境・建物の向き・構造・住む人の生まれ持った運気などから総合的に判断をする環境学です。

風水は、住む人によって方位の持つ運が変わるという考え方であり、部屋の中のレイアウトや配置色に至るまで、細かく吉凶がわかるというのも特徴です。

それに対して家相は、風水の考え方をベースにして、日本の気候風土に合わせて独自に築き上げられた学問です。家相では、その土地が成り立った歴史や周辺を走る道路との位置関係、土地の形状や家の形で吉凶が決まります。そして、神様の通り道ともいわれる神聖な方位である鬼門（北東）裏鬼門（南西）には、水回りを配置してはいけないという考え方。現代のように排水設備が整っていなかった昔は、水回りは不浄なものと考えられていて、家を汚さないための教えだったのです。

わかりやすく言うならば、同じ家でも風水では住む人によって吉凶が変わるのに対して、家相は、住む人ではなく家自体の方位で吉凶が決まるということです。

なんとなくわかっていただけたでしょうか？　どちらも、幸せな暮らしを実現するために先人から受け継がれた素晴らしい知恵だと思います。

家相は、誰にとっても悪いものは悪いのですが、引っ越しやリフォームをするだけではなく、最近は色々な対処法を学べるようになりました。

風水も、リカバリーする方法が必ず存在します。それも複数の方法が存在するので、自分の感性や好みを取り入れながらしっかり幸運をつかめるという流動的学問なのです。

ただ、風水に興味を持った方の多くは、その選択肢の多さに戸惑います。雑誌やインターネットで調べた経験がある方はたくさんいらっしゃると思いますが、「ある雑誌では、こう書いてあったけどインターネットで調べたら違う方法が書いてあった。いったいどちらが本当なの？」と皆さま疑問に思うのです。

実は、どちらも正解。自分の家の状況や感性に合った方法で判断していいのです。「絶対」という正解がないからこそ、感性を大切にすることが必要なのです。しいて言うならば、わくわくする空間は必ず幸運をもたらしてくれるということ。いくら人にすすめられても、感性に合わなければ運気は下がってしまいますよね。

例えば、各方位の持つ運気に合わせてお部屋を配置したり、ご家族それぞれの生まれ持った性質や運に合わせて方位を決めたりすることが、風水ではできるのです。どんな運に恵まれたいか？　どんな未来を望むか？　によって、方法はいくらでもあるのです。

立地条件が悪い場合の対処法だってちゃんとありますから安心してくださいね。間取りが悪くても、家具の配置やラッキーカラーやラッキーアイテムを上手に使って幸運を呼ぶということができるのです。

絶対こうでなければダメ！　がないのが風水のすばらしさ。私たち、建築やインテリアに携わる専門家は、ただ快適な空間をご提案すればいいというのではありません。そこに住むご家族が、何を望みどんな未来に幸せを感じるかをしっかりお聞きして、自然に流れる運気をうまく取り入れながら幸せを実現していくかが大切なのです。

新しい生活様式に風水を

自然がもたらす環境、生活する上で大切な動線、心理に作用するそれぞれのアイテムなど、幅広い情報が快適空間をつくります。新しい生活様式を模索する中で、今こそ自然と共存し心地よく暮らすことを目的とした風水＋住宅＝幸せの基本という考え方に立ち返ってみてはいかがですか？

家単体だけを見るのではなく、もっと広義にとらえた住空間を取り巻く環境を整えることが求められる時代なのです。ぜひ、良い運気を取り入れて大切な住まいを幸せ空間に導いてください。

今、新しい生活様式という言葉が浸透し、住宅のあり方が変わろうとしています。テレワークという働き方がもたらした職住融合という空間づくりや、家での時間の過ごし方を見直した時に課題となる独立スペースの確保など、家という存在が、人間に与える影響がますます重要なものとなりました。

少しでも快適にそしてご家族全員がもっともっと幸せな日常を送れるように、風水＋住宅＝幸せの基本だということを忘れないでください。

私たち、住宅に関わる専門家も、家という生活の原点を見直し、住まう箱から幸せを築く空間という考え方に変わりつつあります。

そして自然と共存する空間づくりこそが求められている時代なのだということを肝に命じて、お客様と向き合うべきなのだと感じています。

方位がもたらす意味

風水で運気を整える

本書の目的は風水の中身をお伝えするものではないため、詳しくは記載しませんが、参考までに各方位がもたらす意味を簡単にまとめてみました。

各方位には、様々な意味が割り振られているのです。千支・季節・時間・五行の持つエネルギー・人が持つ九星のエネルギー・その方位が持っている性質から読み解く運・その方位の色・開運に繋がる部屋・その方位が意味する象意から関連するインテリアやグッズ……（象意とは、それぞれの方位や九星に関連する性質・現象のこと）。

それらすべてのものが、各方位には割り振られているのです。この方位にはこの色のこんな家具やカーテンがいいですよ！　とか、開運グッズはこれ！　なんていう情報は、すべてこの基本形から紐解かれているのです。

ですから、基本形を理解して運気や開運方法を知り活用することで、幸運が舞い込んでくるとされています。

次のページに記載させていただく表はごくごく簡単な一部の風水にすぎません。もっと深く知りたいという方は、ぜひ「風水」を学んでみてください。自然の摂理から生まれた風水に、すべて納得できるはずです。

新築はもちろんですが、リフォームで空間を整えたり、リフォームが無理でも家具・照明・ファブリック素材・ラッキーカラー・ラッキーアイテムなどで、運気を整えたりする方法も、風水にはあるのです。あなたは、どんな未来を目指しますか？　あなたは、どんな幸運が欲しいですか？

絶対に無理！　がないのが風水のいいところなのですから、ぜひ良い運気を取り入れて大切な住まいを幸せ空間に導いてください。

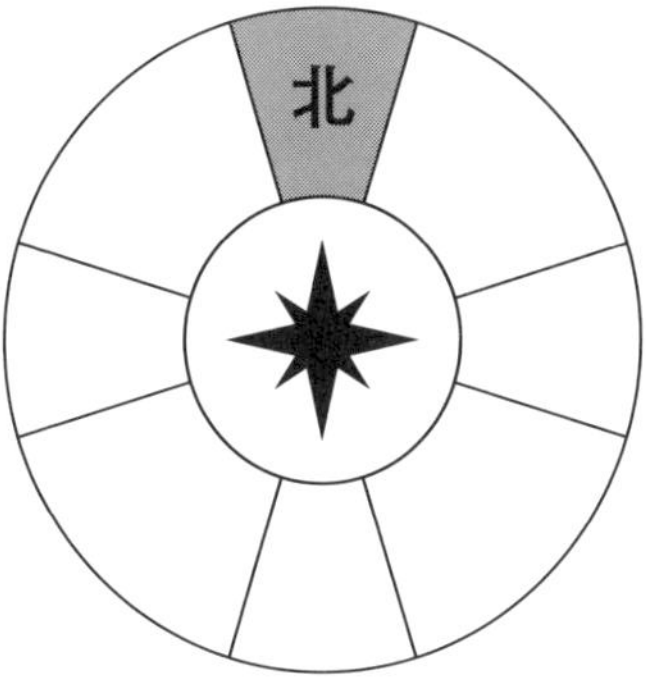

North

学力向上・仕事の集中力UP・安眠・健康・財を蓄えるパワー・愛情が深まり、人間関係にも影響がある方位です。大敵は冷え！注意しましょう。

干支	子(ね)
季節	冬(12月)
時間	23:00〜1:00
五行	水(水の精気)
九星	一白水星
運	健康・子宝・信頼・貯蓄・愛情を司る運気
人物	中男(真ん中の男)
色	白・黒・水色
おすすめの部屋	子供室・ダイニング・寝室・書斎
材質	ガラス製
ラッキーモチーフ	水に関するもの・曲線のもの・波形のもの レース柄・フリル柄・リボン柄・ドット柄・小花柄・波柄

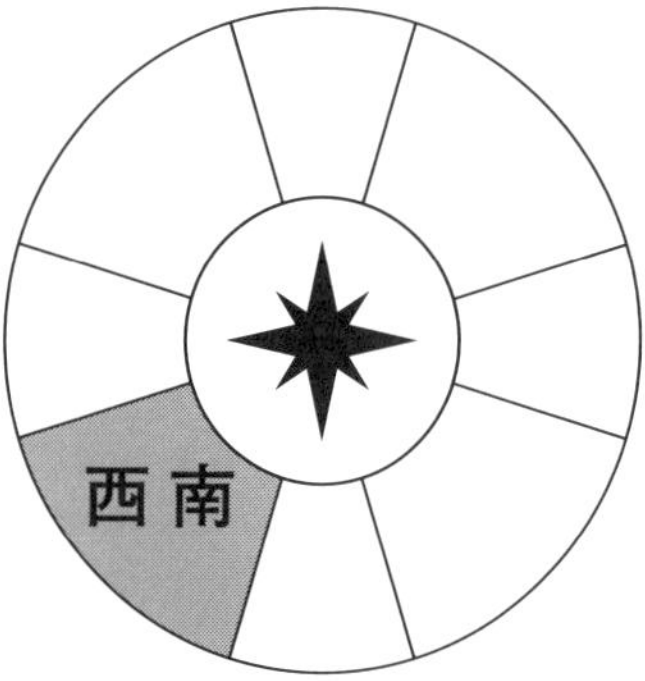

Southwest

裏鬼門の方位です。整理整頓・清潔・風通しを意識しましょう！女性の運気を左右する方位です。落ち着いた空間は家庭円満に繋がります。

干支	未(ひつじ)・申(さる)
季節	夏〜秋(7月・8月)
時間	13:00〜17:00
五行	土(母なる大地・低い山の精)
九星	二黒土星
運	家庭・仕事・不動産・安定・根気を司る運気
人物	母親
色	黒・黄・茶
おすすめの部屋	リビング・ダイニング・寝室・書斎
材質	陶磁器・ウール・コットン・リネン・シルクなどの天然素材
ラッキーモチーフ	四角いもの・クラシックなもの ギンガムチェック柄・ペイズリー柄

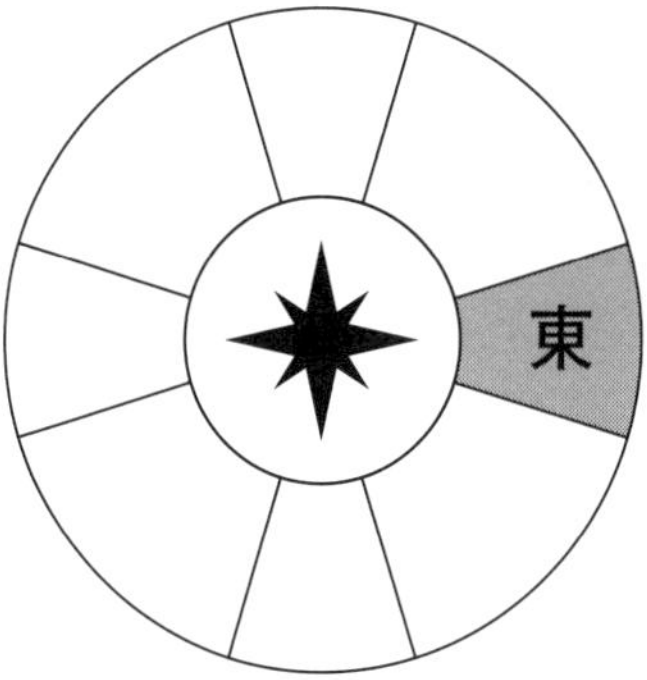

East

太陽が出る方位はエネルギッシュに発展へと繋がります。勢いよく成長し元気漲るパワーとチャレンジパワー。元気な子供が育ちます。

干支	卯(う)
季節	春(3月)
時間	5:00~7:00
五行	木(雷の精)
九星	三碧木星
運	発展・成功・パワー・元気を司る運気
人物	長男
色	青・青緑
おすすめの部屋	玄関・キッチン・子供室・リビング・ダイニング・書斎
材質	木・竹・紙製・ラタン(籐)
ラッキーモチーフ	音に関係するもの ギンガムチェック柄・フルーツ柄・クローバー柄

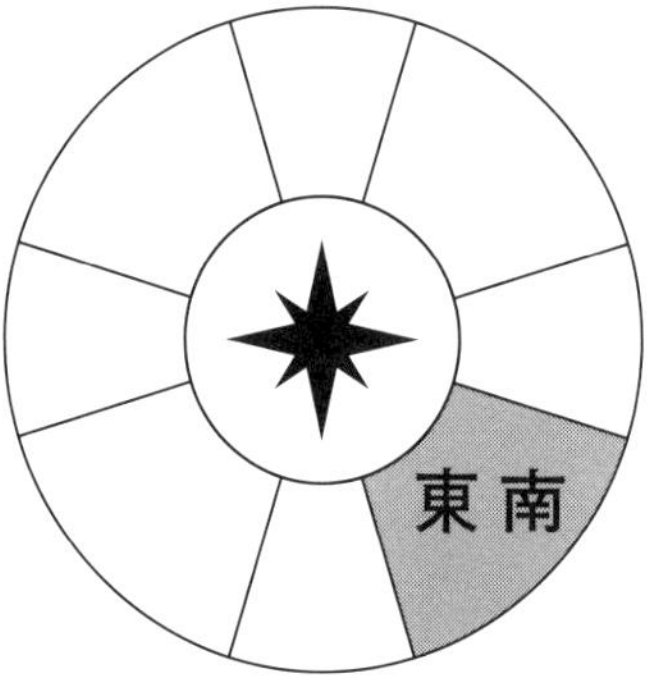

Southeast

女性にとって影響力がある方位。益々の発展と努力が実を結ぶので、人間関係や恋愛にも大切な方位です。風通しと整理整頓を心がけましょう！

干支	辰（たつ）・巳（み）
季節	春～夏（4月・5月）
時間	7:00～11:00
五行	木（風の精）
九星	四緑木星
運	恋愛・結婚・契約・仕事・交際を司る運気
人物	長女
色	緑
おすすめの部屋	玄関・トイレ・キッチン・浴室・子供室・リビング・ダイニング・書斎
材質	木・竹・紙製
ラッキーモチーフ	かわいらしいもの・風に関するもの・香りに関するもの フラワー柄・リーフ柄・リボン柄

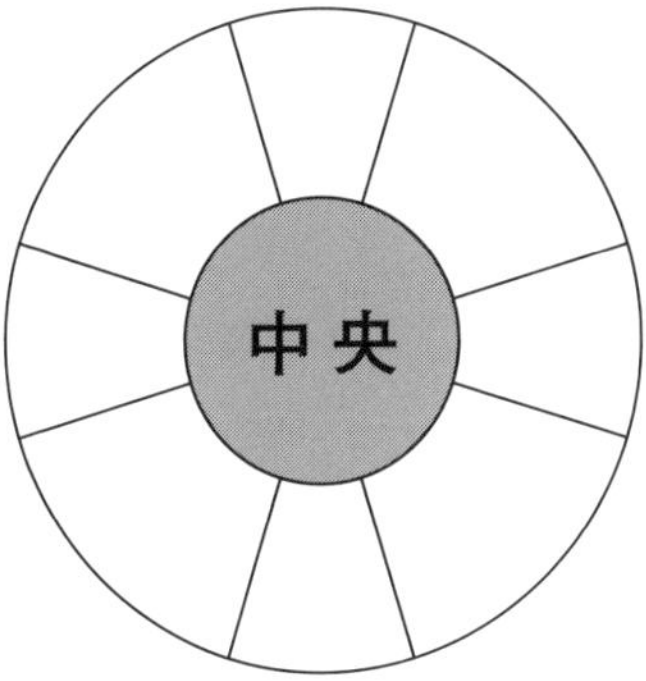

Center

物事の中心であり、すべてを左右する大きなエネルギーがある方位とされています。家庭円満に繋がる大切な場所。落ち着いた風通しのよい空間を心掛けましょう！

干支	なし
季節	なし
時間	なし
五行	土(自然界の大地・中心)
九星	五黄土星
運	すべてに影響する
人物	なし
色	黄・茶
おすすめの部屋	リビング
材質	陶磁器・ウール・コットン・リネン・シルクなどの天然素材
ラッキーモチーフ	アンティークなもの・重厚感のあるもの キャンディー柄・リボン柄

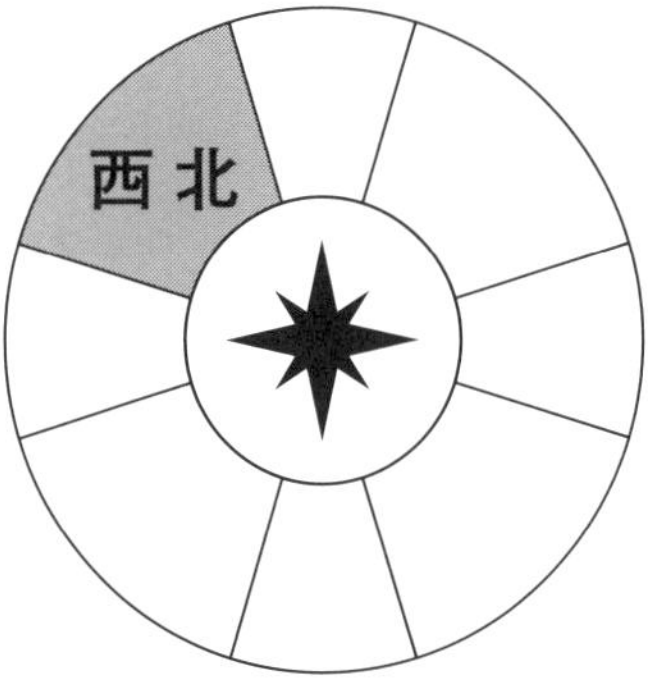

Northwest

出世・成功・財産に結びつく大切な方位とされています。一家の幸運を左右する主人の方位でもありますから、少し豪華を意識して運気を取り入れましょう！

干支	戌(いぬ)・亥(い)
季節	秋～冬(10月・11月)
時間	19:00～23:00
五行	金(天の星)
九星	六白金星
運	勝負・出世・事業・成功を司る運気
人物	父親
色	白・金・銀
おすすめの部屋	リビング・ダイニング・寝室・玄関・書斎
材質	金属製
ラッキーモチーフ	丸いもの・高級感のあるもの 水玉柄・ストライプ柄

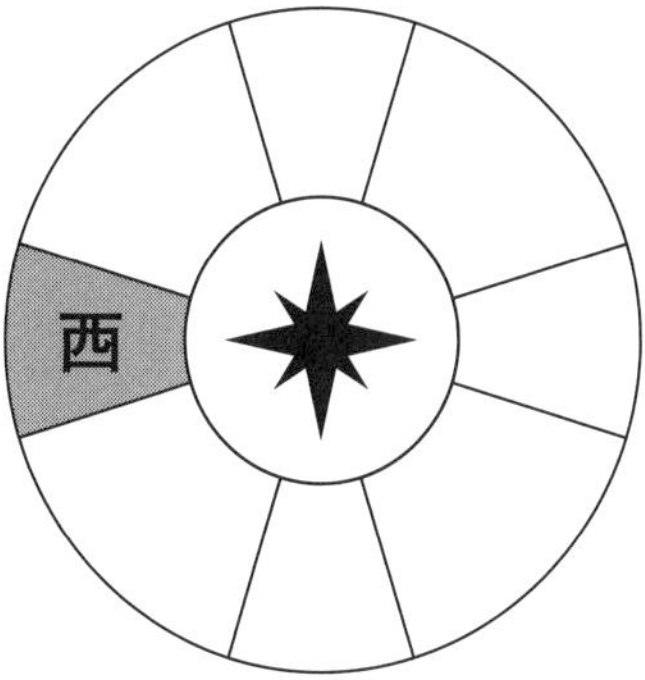

West

楽しいこと・喜び・笑顔に繋がる社交的なパワーがある方位。金運にも大きな影響を与えます。落ち着いた空間・ハイセンスな空間で金運UPを！

干支	酉（とり）
季節	秋（9月）
時間	17:00〜19:00
五行	金（沢の精）
九星	七赤金星
運	金運・恋愛・社交を司る運気
人物	少女（末の女）
色	赤・橙・ピンク
おすすめの部屋	リビング・寝室・書斎
材質	金属製
ラッキーモチーフ	光沢のあるもの・豪華なもの・かわいらしいもの フラワー柄・ドット柄

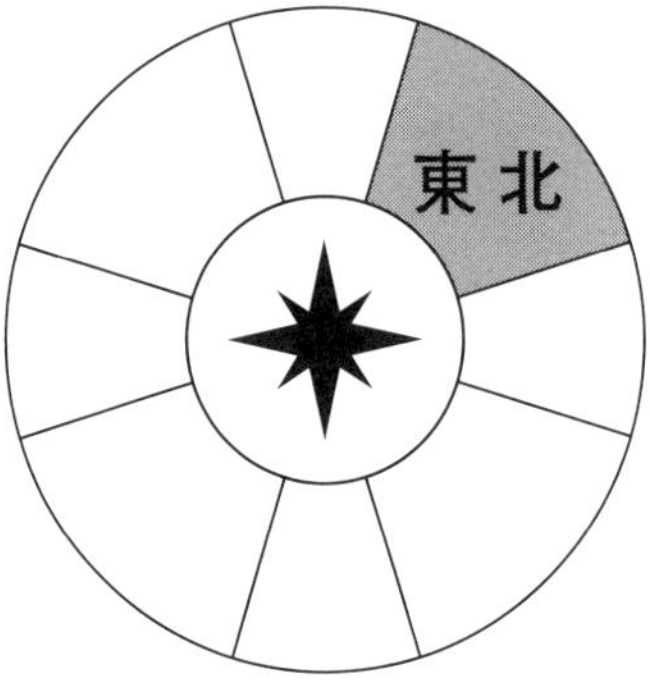

Northeast

鬼門の方位です。整理整頓・清潔・風通しを意識しましょう！一家の財産や後継につながる大切な方位。ご家族の未来を左右するため、後継ぎの部屋に良いと言われています。

干支	丑(うし)・寅(とら)
季節	冬〜春(1月・2月)
時間	1:00〜5:00
五行	土(大きな山の精)
九星	八白土星
運	変化・不動産・財産・相続を司る運気
人物	少年(末の男)
色	黄・白・茶
おすすめの部屋	子供室・ダイニング・書斎
材質	陶磁器・ウール・コットン・リネン・シルクなどの天然素材
ラッキーモチーフ	重なり合っているもの・竹でできたもの タータンチェック柄・ドット柄・ストライプ柄

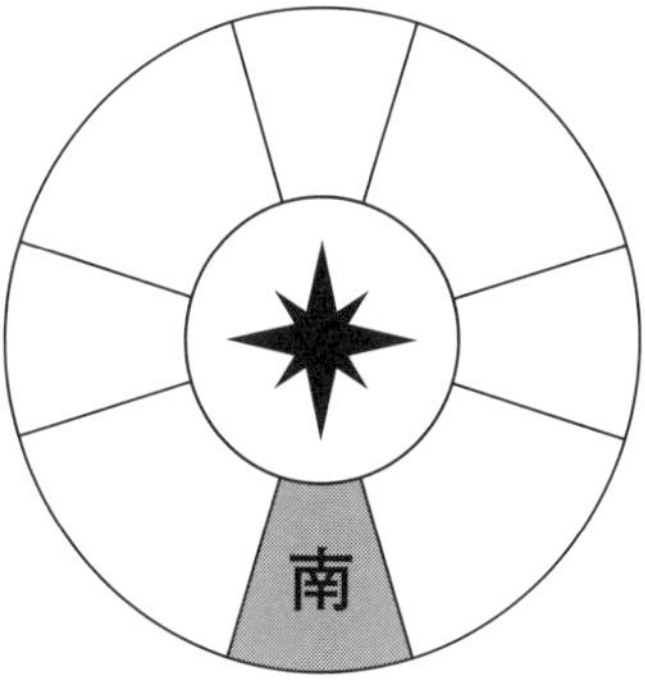

South

直感力や知性・才能などが研ぎ澄まされる方位。太陽から注がれる強いエネルギー、溢れる生命力を最大の武器に！ 日当たりと風通しを利用した明るい空間が運気UPに繋がります。

干支	午(うま)
季節	夏(6月)
時間	11:00〜13:00
五行	火(火の精)
九星	九紫火星
運	名声・知性・芸術・想像・ビューティー・浄化を司る運気
人物	中女(真ん中の女)
色	赤・紫
おすすめの部屋	玄関・リビング・寝室
材質	合成繊維・プラスチック製
ラッキーモチーフ	三角形のもの・尖ったもの・上質でおしゃれなもの フラワー柄・星柄・幾何学柄

風水を学んだ先にあるもの

風水の考え方は開運7カ条でもお伝えした通り、基本の「住まい」以外にも、もっと奥深いものがたくさんあるのです。ご興味を持った方はぜひ、風水についても学んでみてください。本当に日常が変わります。「引き寄せの法則」や「シンクロニシティ」が本当に起こり、驚くことが山程訪れるのですから。幸せになりたくない人なんていないですよね。

今、「この表を眺めてもよくわからない！」と思っていても、学んだ先には、「納得！」。そんな思いが湧いてくるはずです。明日の幸せは自分で作っていくものです。幸せの扉は、いつでも開いているのですから。

私が所属している一般社団法人風水心理カウンセリング協会FSCAでは、日本はもとより今や世界にも、その学びが広がっているのです。その各地域には、その学びを継承している認定講師がたくさん活躍をしていますので、どこに住んでいても大丈夫です。

今は、WEBという学び方だってある時代。ぜひ、あなたもその一歩を踏み出してみてください。

おわりに

この本を手に取り、お読みくださった読者の皆さまに、心から感謝申し上げます。

２０２０年、世界中がコロナウィルスという恐怖におびえ、たくさんの尊い命までが奪われました。

「新しい生活様式」という誰も経験したことのない非日常が、今では日常に変わってしまいました。働く環境も変わり、人との関わり方も変わり、誰もが戸惑いながら、すべてが手探りで今日という日を過ごしています。

それ以外にも、地球環境の破壊や資源の無駄遣い、気候変動、人種差別、貧困格差など、私たち人間を取り巻く環境は問題が山積しています。

今、世界共通スローガンに、サステナブル（持続可能な社会）が掲げられています。

私たちはこれから「自然」と共存し、次の世代に受け継いでいくということを意識していかなくてはなりません。

今こそ原点に立ち戻り、私たちが生かされている意味をしっかりと考え、すばらしい未来に向かって進んでいくべきではないでしょうか？

生活の原点「住まい」も、それらの変化に順応するために、様々な工夫が求められてきました。

26年間、建築業界でお仕事をさせていただいておりますが、一貫してお客様にお伝えしている信念は、

「家という箱に合わせた暮らし方ではなく、暮らす人に合わせた住まいづくりこそが大切」ということ。

そして、必ず初めてお会いするお客様には、こうお伝えしています。

「リフォームは大変ですよ！　お客様と私たちとで一緒に悩み、ひとつずつ創り上げてい

かなければいけないのが住まい。一緒にがんばりましょう。そしてリフォームを楽しみましょう！」

同じ覚悟を持って同じ夢に向かう同士として、前に進んでもらいたいから伝える思い。その思いを持っていると、完成した時の感動と達成感が全く違います。

大切なお金をかけるのに、人任せではもったいない。ものづくりの過程も楽しんでもらいたい、という切なる願いが込められているのです。

世の中に蔓延しているリフォームへの疑問や、誰に相談したらいいかという不安。そんな声に少しでもお答えできるようにと、私が経験した26年間の真実を隠すことなく経験談としてこの本で伝えてきました。

そのきっかけを与えてくださった一般社団法人風水心理カウンセリング協会ＦＳＣＡの谷口令先生、紫村陽介先生はじめ、出版をサポートしていただきました株式会社かざひの文庫磐﨑文彰社長様、シナリオライター井ノ上榆様に心からの感謝を申し上げます。

私の体験を綴ったこの本が、少しでも皆さまのお役に立ち、わくわくした未来や幸せな生活を実現する第一歩になってくれますことを願っております。

今日から私も新しい一期一会に向かって前進してまいります。

そして、より多くの皆さまに幸せな住まいをご提案できますように、益々励んでいこうと思っております。

皆さまへの感謝とたくさんの幸せを祈って……。

令和2年12月

寺田勤江

N o r i e　T e r a d a

寺田勤江

二級建築士
公認インテリアコーディネーター
風水心理カウンセラー
風水インテリアアドバイザー

「女性は手に職が武器」という目標を持ち、日本大学歯学部付属歯科衛生専門学校に2年間通い卒業。歯科衛生士の国家資格を取得。以後10年間、都内の社団法人歯科医院に勤務。その間、自身の感性を武器に働きたいという強い願望のもと、インテリアコーディネーターに憧れ、働きながら夜学に3年間通う。その後、リフォーム会社に就職し、設計・現場管理など、男性ばかりの建築業界で経験を積み独立。現在建築業界歴26年。「女性が主役の住空間」をテーマに、株式会社ワンダフルを設立し、代表を務める。新築・リノベーション・リフォームの設計提案から工事完了まで、ワンストップサービスで行う総合建築会社として日々邁進中。住宅に留まらず、店舗やオフィス・高齢者施設・共同住宅など、幅広い分野からの依頼がある。「風水」という環境心理学を学んだ現在は、風水を取り入れた空間づくりを広く伝える活動や、風水心理カウンセラーとして、幸運を呼ぶ生き方暮らし方を伝えるために、風水心理カウンセリング協会FSCA認定　東関東校講師　ハッピーネーム「七星飛夢（ななせ　ひめ）」として、セルフカウンセリングや各種講座を開催し、多くの相談者に寄り添っている。現在、HP・FB・ブログ内問い合わせホームにてお申込み受付中。

株式会社ワンダフル　http://wonderful-co.jp
七星飛夢facebook　http://www.facebook.com/nikoniko wonderful
七星飛夢ブログ　http://ameblo.jp/pochahime-wonderful

女性《じょせい》目線《めせん》のおうち改造《かいぞう》
夢《ゆめ》を叶《かな》える満足《まんぞく》リフォーム
～快適生活《かいてきせいかつ》を約束《やくそく》する女性建築士《じょせいけんちくし》のピンポイントアドバイス～

寺田勤江《てらだのりえ》

2020年12月7日　初版発行

発行者　磐崎文彰
発行所　株式会社かざひの文庫
〒110-0002　東京都台東区上野桜木2-16-21
電話／FAX　03(6322)3231
e-mail: company@kazahinobunko.com　http://www.kazahinobunko.com
発売元　太陽出版
〒113-0033　東京都文京区本郷4-1-14
電話　03(3814)0471　FAX　03(3814)2366
e-mail: info@taiyoshuppan.net　http://www.taiyoshuppan.net
印刷・製本　モリモト印刷
出版プロデュース　谷口 令
編集協力　井ノ上榆
装丁 BLUE DESIGN COMPANY
DTP KM Factory

ISBN978-4-86723-016-9